常春藤传记馆

温儒敏／主编

发现新大陆

哥伦布传

耿继秋 著

長春出版社
国家一级出版社
全国百佳图书出版单位

图书在版编目(CIP)数据

发现新大陆:哥伦布传 / 耿继秋著. — 长春:长春出版社, 2017.1
(常春藤传记馆 / 温儒敏主编)
ISBN 978-7-5445-4707-9

Ⅰ.①发… Ⅱ.①耿… Ⅲ.①哥伦布(Columbus, Christopher 1451-1506)-传记 Ⅳ.①K835.465.89

中国版本图书馆 CIP 数据核字(2016)第 294442 号

发现新大陆:哥伦布传

著　　者:耿继秋
责任编辑:叶　亮
封面设计:楠竹文化

出版发行:長春出版社　　总编室电话:0431-88563443
编辑室电话:0431-88546966　发行部电话:0431-88561180
地　　址:吉林省长春市建设街 1377 号
邮　　编:130061
网　　址:www.cccbs.net
制　　版:荣辉图文
印　　刷:长春第二新华印刷有限责任公司
经　　销:新华书店

开　　本:787 毫米×1092 毫米　1/32
字　　数:124 千字
印　　张:8.5
版　　次:2017 年 1 月第 1 版
印　　次:2017 年 1 月第 1 次印刷
定　　价:19.80 元

总　序

温儒敏

十多年前，我主持人民教育出版社高中语文教材的编写，其中选修课就专门设置有《中外传记选读》一种，我自己还动手编写了这本教材。因为受高考“指挥棒”影响，一般学校的选修课未必真能让学生自主选修，很多选修教材编出来都没有使用，但《中外传记选读》一直很受欢迎，每年都有重印。这让我对传记的阅读推广有了特别的关注。

我还注意到最近三四年高考语文试题命制的一种趋向，无论全国卷还是其他省市卷，阅读题往往都选传记作为材料。比如今年（2016年）全国卷的甲、乙、丙三个卷子，文言文阅读的材料全是传记，包括《明史·陈登云传》（甲卷）、《宋史·曾公亮传》（乙卷）和《明史·傅珪传》（丙卷）；现代文阅读的实用类文本也多用传记，节选了《吴文俊传》和《陈忠实传》。可见传记阅读越来越受到重视，考试也有意往这方面引导。

中小学语文教材也应当多选一些传记。现在

教育部正组织编写一套新的义务教育语文教科书，聘我担任总主编，这套新教材就选了不少名人传记，并鼓励学生多读传记。

为什么中小学生要多读传记？我曾在《中外传记选读》的前言中说过理由，这里不妨转述一下：

> 同学们都渴望能拥有健全、快乐和成功的人生，现在的学习阶段就在做准备，而且其本身就已经是你人生经历的一部分。我们该怎样设计自己的人生？当然最重要的还是学习。除了学习文化知识，还要从历史人物或者成功的人物身上学习宝贵的生活道理、人生哲学以及获取成功的途径。这就是励志教育，是人生教育中非常重要的部分。人都需要不断添加生活的动力，特别是在年轻的时候，要有偶像和楷模，有高远目标的激励。如同英国思想家培根所说过的：“用伟人的事迹激励我们，远胜一切的教育。”让同学们从那些杰出的成功的人物身上吸取人生的经验，从前人多种人生道路的选择中寻找我们各自的“契合点”，这就是我们设立这门课的主要目的。

这里说的“设立这门课的主要目的”，其实

也是我们推出这套“常春藤传记馆”丛书的目的。

“常春藤传记馆”丛书由北京大学语文教育研究所组织编写，长春出版社出版。全套丛书初步设定为100种，每本10万字左右，其选目、内容和写法都是为中小学生“量身定制”的。我们希望这套丛书能作为基本图书进入中小学图书馆。和其他同类传记图书相比，“常春藤传记馆”丛书有四个特色：

一是传主覆盖范围广。包括中外古今各个领域的名人，涉及政治、军事、科学、实业、社会活动、文学、艺术、革命等领域。重点考虑有代表性的、在精神层面可以给学生激励的那些名人。

二是和课程教学有呼应。中小学除了语文，各个学科的教材和教学都会涉及中外古今各个领域的著名人物，选择主题首先考虑这一情况，选取学生有所接触又可能希望进一步了解的那些名人。这可以满足学生不同的兴趣爱好。

三是专门为中小学生编写。本套传记不是专业性强的评传，而是重在勾勒传主生平事业贡献的小传，内容和文字力求深入浅出，生动形象，有趣有味。阅读对象接受水平可以定位在初中程度，也可以稍高一点。特别是有些理科方面的传记，主要面对高中生。其实，小学生的课外阅读也要取法乎上，他们可以读这套为中等文化水平的读者设计的书。

四是内容安排上特别注重励志及健全的人格心理引导培养，在叙说传主生平事迹时，适当地自然地凸显这些方面的思考。

丛书取名“常春藤传记馆”，有特别的含义。“常春藤”是一种多年生常绿藤类灌木。美国哈佛大学等几所著名的私立大学，组成体育联盟，叫“常春藤盟校”，其起名是因为这些老校的校舍墙上常攀缘有常春藤。本丛书以“常春藤传记馆”作为标识，是虚拟的意象，可以联想到著名的学府，也可以联想到古代的书院，从而营造浓郁的阅读氛围和宁静的心境。另外，“常春”和“长春”同音，暗含这套丛书是由长春出版社出版的。

但愿广大师生喜欢这套书，也期盼大家提出批评建议，共同来经营好这套书，让“常春藤传记馆”更好地满足广大读者，特别是中小学生课外阅读的需求，满足语文教学的需求。

2016 年 6 月 30 日济南历下

（温儒敏，山东大学一级教授，北京大学中文系教授，教育部聘义务教育语文教科书总主编）

目录
contents

第一章
热那亚少年

纺织工的儿子

许多年以后，当克里斯托弗·哥伦布离开故乡热那亚，登上葡萄牙海岸，萌生向西横渡大西洋，抵达东方的念头时，他头脑中一直萦绕着与自己重名的那个著名圣徒的故事。

在中世纪的欧洲，“圣克里斯托弗”的故事家喻户晓。有一次，他听说基督下凡，就前去寻找。他来到一条河边，一位隐士对他说：“如果你能坚持斋戒和祈祷，基督也许会向你显圣。”克里斯托弗说：“斋戒我办不到，怎么祈祷我也不懂，让我做点儿容易的事吧。”隐士指着河流说：“这条河上没有桥，人们过河，要冒着淹死的巨大风险。这你知道吗？”克里斯托弗点头说道：“我知道啊！”隐士说：“那就好！你身高体壮，为什么不把家搬到河边，帮助穷苦的旅客过河呢？这样做是符合基督的意愿的，到时候他也许就会在你面前现身了。”

不久，克里斯托弗果然在河边盖了一座小屋，削了一根树干作为手杖，每天用他宽阔的肩膀背着徒步的旅客过河。

一天晚上，克里斯托弗正在屋里睡觉，忽然听到一个孩子的喊声：“克里斯托弗，快起来，送我过河！”克里斯托弗连忙起身，拿起手杖，走到屋外，看见一个孩子正等待过河。他把孩子高高举起，让他骑在自己的肩上。刚下到水中，克里斯托弗忽然感觉肩膀上的孩子变得异常沉重起来。克里斯托弗咬紧牙关，挣扎着向前走，几乎用尽全身的力气才走到对岸。他放下孩子，大口喘着气说：“这下好了，我的孩子！不过，你的身体怎么一下子变得这么重呢，让我觉得就算把整个世界背在身上也不会比你更重？”孩子回答说：“克里斯托弗，你不要惊讶，要知道你身上背的正是整个世界的造物主，我就是基督。你做的每件好事都是在为基督服务。你要不信的话，把你的手杖插在你的小屋旁边，看它明天会不会开花结果。”回到对岸后，克里斯托弗将信将疑地把手杖插在小屋旁。第二天早晨，克里斯托弗推开门一看，他插在地上的手杖果然变成了一颗美丽的椰枣树，挂满了鲜花和果实！

后来，人们把克里斯托弗当作圣徒，称他为“圣克里斯托弗”，同时为纪念他和基督的相遇，把每年的 6 月 25 日定为“圣克里斯托弗节”。

1451 年夏末秋初。热那亚城的毛纺织工人多梅尼科 · 哥伦布的妻子苏珊娜 · 丰塔纳罗萨生下一个男婴。这已是他们结婚的第六个年头了。之前苏珊娜或许也有过身孕，甚至可能生过孩子，但或是流产，或是孩子过早夭折。无论如何，这个新生的男孩给他们带来了莫大的喜悦。多梅尼科和苏珊娜都是虔诚的天主教徒，按照惯例，他们要寻找一座教堂，给孩子施洗，并给他寻找一位保护神。圣克里斯托弗的故事给他们留下了深刻的印象，他们或许也希望这个孩子能够长得像圣克里斯托弗那样体格魁伟，并得到基督的垂顾，于是决定选他作为孩子的保护神，并用“克里斯托弗”作为孩子的洗礼名。夫妇二人自然不会意识到，在他们为孩子命名的那一刻，一个属于克里斯托弗 · 哥伦布的时代已经悄悄开启。后来，当哥伦布带着横渡大西洋的伟大构想，四处游说，寻求资助时，除了要去东方寻找黄金、香料之外，另一个更远大的目标：把基督的福音带到那些未开化的国度去。他把这当作自己作为“克里斯托弗”命中注定要完成的任务，就像与自己重名的那位圣徒注定要背着化身圣婴的基督走向彼岸。

哥伦布的家是热那亚一个普通的毛纺织工人世家。他的祖父乔万尼·哥伦布就是一个毛纺织工人。1429 年，住在热那亚城东昆托镇的乔万尼，决定让自己 11 岁的儿子多梅尼科，跟随热那亚城内一位纺织技师学习织呢绒的手艺。学徒期满后，多梅尼科在热那亚东门内租住下来，开始独立谋生。1440 年，22 岁的多梅尼科已成为一名精通毛纺织技艺的优秀织工。5 年以后，多梅尼科与苏珊娜结婚。苏珊娜也是毛纺织工人的女儿，家住热那亚东门外不远处的萨格诺河流域。苏珊娜凭着自己家庭的关系，在结婚的同时，也给多梅尼科带来了另一份工作，那就是热那亚东门的看门人。这份工作虽然收入微薄，年薪只有 84 个热那亚镑，这其中还包括一名助手的工资，但对于这对刚刚成家立业的年轻夫妇来说，也已足以缓解他们紧张的日常开支，也有利于多梅尼科纺织事业的扩大。

事实上，多梅尼科并不是一个被作坊主雇佣、靠工资吃饭的普通织工，他自己就是一个作坊主，至少拥有一台甚至多台纺织机，可能还有一两名学徒。多梅尼科买进羊毛，带领妻子和学徒织成呢绒布，挂在作坊门面上出售。另外，他们还兼营乳酪和葡萄酒。

1455 年，在哥伦布 4 岁时，他的父母搬到了圣安德烈城门附近的德里托街，一栋附有庭院和花园的楼房里。如今，这座老房子早已不复存在。19 世纪后期，为了纪念哥伦布发现新大陆 400 周年，热那亚市政府在原来的地基上重建了现在称为卡塔·第·哥伦布的大楼，大楼上的题词是："这是世上最光荣的楼房。克里斯托弗·哥伦布在家中度过了自己的童年和少年时期。"

从热那亚东门内那栋临街的兼作居室和作坊的小房子，搬到有独立庭院和花园的楼房，反映出哥伦布一家经济条件的良好状况。不过，多梅尼科并没有儿子克里斯托弗后来表现的那样意志坚定。他做出的承诺常常不能兑现，他为了扩大生产购进货物，却常常付不出货款。后来，多梅尼科的女儿、克里斯托弗的妹妹彼昂吉内塔与一位乳酪商结婚时，多梅尼科原本答应送出的一份嫁妆也没有兑现，结果被女婿告上了法庭。作为副业的葡萄酒买卖，多梅尼科才是自家店里最忠实的顾客。

不过，多梅尼科也是一位能说会道、开朗乐观的父亲。单凭自己的口舌和信用，他就可以赊来许多货物，虽然这也使他欠下许多债务，并因此惹上许多不大不小的官司。在生意清淡的时候，他就常常关起店门，带领孩子们下海捕鱼。

哥伦布的二弟巴塞洛缪出生于 1461 年，小弟弟贾科莫出生于 1468 年。他们后来都曾跟随哥伦布出海远航。巴塞洛缪继哥伦布之后曾出任西印度群岛总督；贾科莫则一直受到哥哥悉心的关照，他更为人所知的是其西班牙名字“迭戈”，而哥伦布的儿子迭戈，就是根据这位小叔叔的名字命名的。

然而，一开始，哥伦布三兄弟命中注定的职业似乎就是子承父业，做一个成功或不太成功的毛纺织作坊主。年纪很小的时候，他们就已经在父亲的作坊里帮忙，把父亲买来的羊毛梳理好，然后交给母亲把羊毛纺成线，染上色，架上织布机，由母亲带领学徒把毛线织成呢绒。这个时候，父亲多梅尼科常常坐在一旁，和他的酒友一起，慢慢地喝酒。

偶尔，哥伦布兄弟也会登上父亲的运货船，沿着利古里亚海岸航行，到各地购买羊毛、葡萄酒和乳酪，推销自家作坊里生产的纺织品。哥伦布首次航海是在1461年，那一年他才10岁。从那以后，他跟随父亲出航的次数越来越多。有一次，父子俩正在海上航行，一阵狂风突然从岸边的山顶吹来。父亲一边操控着船桨和船舵，一边大声喊着，叫小哥伦布调整索具、改变帆位。小哥伦布用尽全身力气，按父亲的吩咐去做。很快，风暴过去，父子俩安然无恙。对于哥伦布的表现，父亲非常满意，回家后特意在母亲面前把他夸奖了一番。年龄稍大的时候，哥伦布已经能独立出海，完成父亲交给他的任务。

1470年初，多梅尼科被推选为所属同业公会的委员，被派往萨沃纳学习考察纺织行业的规则章程。在考察过程中，多梅尼科发现萨沃纳的生意似乎比热那亚更加好做。因此，这年3月，他就带着家人、学徒和纺织机一起搬到了萨沃纳。不过，哥伦布并没有随父母迁居，而是留在了热那亚，受雇为独立水手，开始独立谋生。这一年哥伦布 19 岁，开始帮助父母背负起家庭的重担。他在热那亚与已迁往萨沃纳的父亲共同承担了一笔葡萄酒债务，金额为 48 热那亚镑。

有人根据哥伦布留下的关于其早年生活的零星材料分析说，早在 1465 年哥伦布 14 岁的时候，他就第一次受热那亚当地船主雇佣，充当船队里的少年见习水手，经常随船队在利古里亚海域为人运送货物，向东去过今天意大利境内的内尔雅和拉帕洛或者菲诺港，向西到过科戈莱比、萨沃纳或者摩纳哥。

在随父亲或船主出海航行的过程中，哥伦布积累了丰富的航海经验。这些经历也大大激发了他对大海的好奇心和探索欲望。就像哥伦布自己后来回忆说："很小的时候我便开始了海上生活，一直坚持到现在。任何像我这样的人都会渴望了解海上大自然的奥秘。"

1470 年，哥伦布作为独立水手，参加了从热那亚前往科西嘉岛的远航，行程达 150 海里以上。离开熟悉的利古里亚海域，他更深切感受到了在大海上冒险的巨大刺激和喜悦。在海上，他不止一次津津有味地听同船水手给他讲起海盗劫掠的冒险故事。当他在船上远远地看到科西嘉岛时，只觉得那好像是漂浮在海面上的一串小岛，到跟前一看，才知道那些“小岛”是科西嘉岛上峭立的群峰。

这次航行结束以后的一年多时间中，哥伦布又回到熟悉的利古里亚海域。他曾独立驾驶一艘小型地中海三角帆船，载着父亲作坊里出产的呢绒织品前往邻近的贸易中心出售，再帮父亲采购一批奶酪和葡萄酒运回萨沃纳。这期间，哥伦布的父母居住在萨沃纳。但哥伦布自己，每周一次或两次，都会驾着那只小小的三角帆船，回到热那亚，帮助当地的生意人接送货物。

最初的海上冒险

首次真正的海上冒险发生在1472年。当时，哥伦布正在一条被法国的勒内亲王征用的热那亚航船上服役。据说，是勒内亲王派他率领这条航船到非洲北海岸的突尼斯去掳取一条三桅帆船“费迪南娜”号。在离开撒丁尼亚附近的圣皮埃特罗岛时，哥伦布获知那里有两条普通船：一条大帆船和这条所谓“三桅帆船”。这个消息打乱了哥伦布和同伴的计划，大多数人认为无法与敌方船只对抗，决定不再前进，而且要求立即折回法国马赛。哥伦布在回忆中说：“我看到如果不用点儿计谋就无法违抗他们的意志，于是听从他们的意愿，‘改变’磁针的‘馈给’，夜晚起航，等到次日日出，当大家确信我们是在回马赛的途中时，我们已到了离迦太基不远的地方。”

原来，哥伦布在为勒内亲王服务的过程中，这位只有 21 岁的年轻船长想办法修改了罗盘磁针，使得当标度盘上显示出前往马赛的航线时，实际上船走的却是通往突尼斯的方向。当同伴们以为即将回到马赛的时候，实际上船只已经抵达突尼斯附近的迦太基角。到达的那天清晨，迦太基海岸边大雾弥漫，对方根本看不清哥伦布这边到底有几条船。在迷雾中周旋一番之后，哥伦布指挥船员登上“费迪南娜”号，将这艘大货船成功俘获，满载而归。因为这次大胆的冒险行动，哥伦布从勒内亲王那里得到了一大笔奖赏，也大大提高了他在水手们中的威望。

如果说为勒内亲王服务给哥伦布提供了首次海上冒险的机会，那么，援助希俄斯的远征，就是他的第二次海上冒险。希俄斯岛是古希腊诗人荷马的故乡，位于爱琴海中，东距土耳其西海岸只有 7 英里，自古以来就盛产乳香、无花果、葡萄酒和橄榄油。特别是乳香，是当时享有盛誉的名药。统治了希俄斯岛实际上就垄断了当地的乳香贸易。1346 年，希俄斯岛被热那亚一个私掠团队占据，热那亚政府把岛上的土地、贸易税收的垄断权作为报酬送给了船队的主人们。1415 年，邻近的土耳其势力兴起，逐渐渗入希俄斯岛。岛上的热那亚人不堪其扰，热那亚的商行和金融家族也曾多次派舰队前去支援他们。

1474 年，热那亚商人吉奥弗雷多·斯皮诺拉装备的“罗哈纳”号航船，从萨沃纳出发前往希俄斯岛，一边做生意，一边防备土耳其人。1475 年，尼科洛·斯皮诺拉和保罗·迪·尼格罗两家装备的两艘船，离开热那亚前往希俄斯岛。受这些商业家族雇佣，哥伦布至少参加了其中一次这样的航海活动，并对当地收取乳香的情景印象深刻。

从热那亚出发，哥伦布所乘坐的船只航行过墨西拿海峡，跨过爱奥尼亚海，到达马塔潘角，再通过塞提拉岛后面的塞尔维海峡，以及安德罗斯岛和埃维亚岛之间的德奥罗海峡，最后趁着清新的北风到达希俄斯岛。这样的航行对于哥伦布来说，不只是在希俄斯岛收获了关于乳香的知识和记忆，更重要的是，整个航程都是他学习航海技术的绝佳机会，怎样熟练地收帆、缩帆和掌舵，在海上如何准确地目测距离，又如何选择适当的地方和时机抛锚起锚等等。

热那亚的街头和港湾

关于哥伦布青少年时期的受教育情况，在他的儿子费迪南德所写的传记中，坚持称自己的父亲曾在帕维亚大学上过学。除此以外，再没有其他任何证据。所以人们普遍认为，即便哥伦布接受过学校教育，也是少之又少。费迪南德所称的“帕维亚大学”，更可能是热那亚的纺织作坊主在帕维亚街联合开设的子弟学校。这是一种初级教育，开设拉丁文、修辞学、逻辑学、天文学、算术、几何和音乐七门课程，这些课程为哥伦布提供了最基本的知识，如果具体应用在日后的远洋航海中，差距又何止千万里。

除去早年海上的航行经验，哥伦布更大的学校还是在热那亚的街头、港湾以及地中海上。从哥伦布 1451 年出生，到 1476 年离开，哥伦布在热那亚一带生活了 20 多年。这是紧邻利古里亚海的一座海滨城市，它所在的亚平宁半岛像伸向地中海的一只长靴，扼守着亚非欧大陆之间的交通要道。独特的地理位置，使这里较早出现了发达的海洋和商业文明。半岛东西两侧的威尼斯和热那亚，就像镶在这只长靴上的两颗璀璨明珠，这里有着发达的造船业，许多人拥有着丰富的航海、经商与冒险经验。公元 11 世纪，在教皇支持下，热那亚与比萨组成联合舰队，攻占了阿拉伯人控制的地中海的基地，西西里岛上的巴勒摩。从此，热那亚人和比萨人开始称雄地中海西部。地中海东部则是威尼斯人的势力范围。

与此同时，第一次十字军东征开始。“十字军”是来自欧洲的基督教军队，他们以教皇为精神领袖，声称要讨伐西亚北非的伊斯兰国家，夺回被它们占领的圣地“耶路撒冷”，而埋葬耶稣圣体的墓地就在那里。1099 年 7 月，由法国、意大利和德国组成的十字军攻陷耶路撒冷，建立了十字军控制下的耶路撒冷王国。但接下来的第二次十字军东征以失败而告终。1187 年，埃及的阿拉伯政权再次夺取耶路撒冷。此后，十字军多次东征，都没能重新夺回耶路撒冷。直到哥伦布生活的时代，收复圣地的苦恼仍然深深困扰着整个基督教世界。

就热那亚人来说，参与十字军东征也为他们插足地中海东部提供了机遇。他们与威尼斯人为争夺地中海东部的商业霸权，进行了旷日持久的征战。1298 年，在亚得里亚海的库尔卓拉岛外海，热那亚与威尼斯进行了一场规模空前的大海战，威尼斯参战舰船 95 艘以上，热那亚则有 80 艘左右。由于热那亚人更善于利用海上风向变化，使得威尼斯舰队遭到惨败，战船被焚，7000 多人被俘。这些俘虏中还有一位刚从中国游历归来、据说发了大财的威尼斯人，他自费装备了一条战船，参加了威尼斯的舰队，结果却被热那亚人俘获。在热那亚人的监狱中，这位威尼斯俘虏口述了他在东方的见闻，由其同室的狱友笔录传世，这就是著名的《马可·波罗游记》，这位俘虏便是著名的威尼斯商人和旅行家马可·波罗。后来，在哥伦布的西航事业中，这部游记成为影响他的判断和决策的重要著作之一。

尽管热那亚人取得了这次战争的胜利，但由于土耳其势力的崛起等原因，他们最终还是失去了在地中海东部的商业控制权。与此同时，在地中海西部，由于阿拉贡王国的崛起，热那亚的商业优势也遭到了重大挑战。

阿拉贡王国成立于11世纪末，是在基督徒收复失地的过程中，欧洲西南部伊比利亚半岛上新崛起的三个基督教国家之一，另外两个是：卡斯蒂利亚和葡萄牙（1479年，阿拉贡与卡斯蒂利亚合并，发展成为现代西班牙的核心）。1118年，阿拉贡王国攻占萨拉戈萨，定为首都，此后便集中精力在西部地中海扩张。1235年，阿拉贡征服地中海上的巴利阿里群岛，1282年又占领了西西里岛。这一系列军事行动，使地中海西部几乎成了阿拉贡王国的内湖，这个新兴的国家也一跃成为海上强国。这样一来，热那亚人在地中海西部的商业优势也化成了泡影。

但是，热那亚人毕竟在地中海积累了丰富的航海经验，掌握了罗盘针和海图的使用方法，以及制造帆船的新技术。在地中海上的商业优势不复存在以后，他们便率先走出地中海，越过直布罗陀海峡，奔向更广阔的大西洋。在此过程中，热那亚水手在大西洋沿岸率先发现了加那利群岛。向南，他们曾试图沿着非洲西海岸航行；向北，他们与西欧毛纺织业发达的佛拉芒地区（包括今比利时北部佛拉芒大区，以及法国北部和荷兰南部的一部分）建立了密切的联系。

进入 15 世纪以后，当伊比利亚半岛上的葡萄牙人开始在大西洋沿岸进行探险活动时，许多热衷于航海的热那亚人又来到葡萄牙，在那里开办海图制图所、讲授天文或航海知识、寻求远航商机，其中有些成了葡萄牙优秀的水手、大商人甚至海军将领。而这时，年轻的哥伦布正在热那亚海滨，一步步成长为一位对大海充满好奇心和求知欲的优秀水手。

那时的热那亚，作为世界航海中心的地位已经淡化，但海滨的港口和海湾内，仍然灯塔高耸，帆樯如林。由石头砌成的宽大码头旁，停泊着大帆船、大划船、小板船、双艉战船、大肚子货船等等，许多船的甲板上都装着专门对付海盗的武器。虽然已经失去了在地中海东西两侧的控制地位，但热那亚的商船仍然可以驶往地中海的各个港口以及大西洋岸边的城市。在热那亚城内，对于天文学、地理学、航海学、造船及其他航海技术，许多人仍然保持着研究探讨的热情。热那亚城内有一所专门培养制图人才的著名学校，它曾经供应了半个地中海所需的航海指南图。在非洲西海岸探险的葡萄牙人，也常常到这里来寻找他们在非洲新占领地的地图。没有证据表明，哥伦布或者他的弟弟巴塞洛缪曾在这所学校学习过制图工艺。但是，1476 年，当哥伦布在葡萄牙海岸登陆，到达葡萄牙首都里斯本时，他的弟弟巴塞洛缪已先于他在那里站稳脚跟，而兄弟俩在葡萄牙最初的谋生之道正是制作海图。无论如何，我们完全可以想象，少年时期的哥伦布，在自家的毛纺织作坊工作到疲累或无聊的时候，站在窗口瞭望附近的港口；而当他在地中海的航行范围逐渐扩大时，一片更加辽阔深邃、充满挑战与诱惑的海洋的景象，又曾经怎样在他头脑中徐徐展开。

第二章
在未知世界的前沿

命运把他带到了葡萄牙海岸

1476 年，刚刚年满 25 岁的克里斯托弗·哥伦布经历了一场九死一生的考验。

这年 5 月 31 日，一支武装商船队，满载着乳香，从热那亚附近的诺利港出发，驶往里斯本、佛兰芒地区和英国。这支庞大的船队主要由三条三桅杆帆船和一艘大军舰组成，分别属于热那亚的斯皮诺拉家族、迪·尼格罗和他们的同伙；第五条船则是一条名叫“贝查拉”的佛兰德小船，水手大部分是萨沃纳人，哥伦布也是其中一员。

船队在地中海上向西航行两个星期后，安然无恙地通过直布罗陀海峡，进入了大西洋水域。8 月 13 日，当船队沿着葡萄牙南部海岸航行到拉古什附近，即将接近圣维森提角的时候，一支法国和葡萄牙组成的联合舰队突然向他们发起了攻击。联合舰队由 13 艘战舰组成，指挥官是法国著名的海军英雄纪尧姆·德·卡塞诺瓦。当时，很多地中海沿岸国家都处于战争状态之中，但热那亚和法兰西之间却处于和平状态。只不过，哥伦布充当水手的“贝查拉”悬挂的是勃艮第国旗，而勃艮第国王与法兰西国王路易十一正在激烈交战，所以，卡塞诺瓦把这个热那亚商船队当作送上门的战利品，发起了猛烈的攻击。

热那亚人奋起还击，以三条三桅帆船对付敌方同样数量的战舰，以其余两条船对付剩下的敌人。双方一开始就用重炮近距离开火，隆隆炮声在大海上轰鸣，滚滚浓烟在甲板上翻卷，熊熊烈火点燃了桅杆和风帆。海风呼啸，血肉横飞。不少船员受不了火烤和烟熏，纷纷跳入水中。战斗进行了整整一天。当夜幕降临的时候，共有三艘热那亚船只和四艘敌方战舰被击沉，500 多名水手被杀死或溺毙。幸存下来的船只也伤痕累累，只能退出战斗，就近寻找友好的港口进行修理。

哥伦布所在的“贝查拉”号也是被击沉的船只之一，他自己则在战斗中受伤落水。紧急之中，他抓住一只漂浮在水面上的长桨，趴在上面向海岸漂游而去。几乎经过整整一夜，漂流了 6 海里，哥伦布才在拉古什海岸登陆。当地居民收救了这位幸运的生还者。不久，哥伦布取道前往葡萄牙首都里斯本，那里的热那亚侨民热情接待了他，并帮他治好了创伤。

这一天，既是哥伦布的落难日，也是他的重生日。命运之神无意中把他抛到了葡萄牙海岸，一个真正属于航海家哥伦布的时代即将开启。

当哥伦布在拉古什海岸泅水登陆的时候，就在距离他几海里的地方，有个著名的航海研究院，创立者是葡萄牙王子堂・恩里克。

堂・恩里克王子是当时葡萄牙诸多航海活动的精神领袖。在他与两位哥哥一起出征摩洛哥前夕，他们的母亲曾在病榻上向三个儿子分别赠送了宝剑，叮嘱长子、王位继承人堂・杜亚特要保护好自己的人民，次子堂・佩德罗要保护好葡萄牙的贵妇和妇女。至于她最宠爱的三儿子堂・恩里克，王后在临终遗言中说："我想把这些王国的所有领主、骑士、绅士和侍卫都交给你，让你承担这个任务……我交给你这把剑，代表了我的心愿，我希望你成为骑士。"

王后去世以后，堂·恩里克王子一方面继续指挥在北非对摩尔人的战争，一方面着手为母亲留给他的那些骑士寻找一块新的活动天地。1438年，他创立了海上骑兵，并在圣维森特角南面的萨格雷什创建了著名的航海研究院。这个地方，地处葡萄牙和整个欧洲的西南角。当地一年中很多时候刮的都是北风，所以从南欧开往西欧和北欧的船队都要在萨格雷什的锚地停泊，以等待顺风的到来。于是，这个锚地也就成了一个天然的航海信息交流中心。锚地之上峭立着一片挡风的悬崖，堂·恩里克王子就在这个悬崖上修建了一座小城。小城内备有航海所需的一切服务设施和物品。航海研究院是小城的核心，其中尽可能地搜集了已知世界的海图和航海指南，网罗了一大批著名的天文学家、数学家和领航员。王子还鼓励年轻、勇敢、富于冒险精神的船主尽量开拓前进，把他们的船只从拉古什港派出，尽可能深入大洋，探索一些未知的目的地。

那时，无论在西方还是东方，人们都还不知道美洲大陆的存在。如果打开一张世界地图，把美洲大陆去掉，便可以发现，葡萄牙所在的位置正处于大陆的最西端，而堂·恩里克王子的航海研究院便设在这个地球末端的前哨位置，成了一个面向“未知世界”的窗口。独特的地理位置，以及面对未知世界茫然无措的想象，刺激了葡萄牙人向远方探寻的决心和勇气。在这种逐渐积聚起来的巨大动力下，葡萄牙人于1419年发现了马德拉群岛；1434年航海家吉尔·埃阿尼什首次穿越了可怕的博哈多尔角，并成功返回；1435年吉尔·埃阿尼什又和阿方索·冈萨雷斯·巴尔达亚一起航行到了博哈多尔角以南122英里（一说204英里）的非洲海岸，成为最先航行到北回归线以南地区的欧洲人。葡萄牙这些勇敢而出色的探险活动，都为1438年堂·恩里克王子创立航海研究院提供了强大的启示、动力和信心。

之后，葡萄牙人向未知世界探索的脚步一直不断。1445年，在堂·恩里克王子的支持下，丹尼斯·迪亚士取道塞内加尔，抵达非洲大陆最西端的佛得角。丹尼斯的父亲若昂·迪亚士就是追随恩里克王子的著名航海家。1487年，丹尼斯的儿子巴尔托洛梅乌·迪亚士更是发现了非洲大陆最南端的好望角，为后来葡萄牙航海家达·伽马成功开辟通往印度的东方航线打下了坚实的基础。

尤其值得一提的是，1453 年，原本在基督教势力控制之下的君士坦丁堡陷落在土耳其人之手。从此，欧洲与东方贸易的正常渠道被关闭，欧洲基督教国家更是迫切期望打通通往东方的新航道。而葡萄牙这个新兴的基督教国家，无论从地理位置、航海经验和技术、航海人才储备、物质条件和经济实力等方面，都当仁不让地充当了这场空前的伟大开拓事业的急先锋和领头羊。

当哥伦布在拉古什海岸泅水登陆的时候，堂·恩里克王子和葡萄牙人宏大的战略抱负正在几海里之外的航海研究院内有条不紊地展开。对于这一点，这位大难不死的年轻人即便不是一无所知，也肯定觉得满腹茫然。对于他，这还是一个陌生的国度。刚刚经历过风浪之后，他需要先站稳脚跟，然后才能逐渐辨清未来的方向。但是，这位年轻人已有过无数次航海经历，积累了丰富的航海经验，对未知世界充满了强烈的好奇心和求知欲望，无论他准备怎么样施展自己的抱负，似乎都没有比葡萄牙更合适的地方了。命运的捉弄，往往意味着上帝正准备为你搭建另一个更广阔的舞台，至于结果如何，则取决于你是否能在看似偶然的遭际之中，辨识清上帝真正的意图。

做个发现“新世界”的“新海员”

初到里斯本，哥伦布首先要找个安身之处。非常巧合的是，在这个陌生的城市，为他提供第一个相对安稳的住处和第一份工作的，竟然是他的弟弟巴塞洛缪！

今天我们已经很难知道，巴塞洛缪什么时候从热那亚或者萨沃纳来的里斯本。可以明确知道的是，当哥伦布在里斯本的一家书店里遇到他的时候，他已是这座城市中某个制图所的制图员，绘制海图以供应葡萄牙海上扩张所产生的巨大需求。当时巴塞洛缪只有 15 岁，这家制图所应该不是他自己开办。至于绘图技术，可能早在热那亚的时候，他就已经在某家制图车间内学会了基础知识；也可能是来到里斯本以后，在热那亚同乡的帮助下，进了某家制图所，经过学徒阶段之后，成了一个正式的制图员。在里斯本，巴塞洛缪一边工作，一边刻苦自学。也因此，巴塞洛缪比他的哥哥更早也有更多机会系统地学习了各种航海知识。这次偶遇，使弟弟成了哥哥进入里斯本后最初的领路人。哥伦布最初的工作也是在弟弟做工的制图所里帮工。

哥伦布在里斯本的最早一批朋友还有一群热那亚侨民。对于这位大难不死的年轻人，大家非常关心。尽管他的制图技术不如弟弟精确，但人们仍很照顾兄弟俩的业务，并帮助他补充相对贫乏的知识。也是在这里，哥伦布学会了葡萄牙语和卡斯蒂利亚语，并提高了自己的拉丁文读写水平。经由这些同乡的引介，他还逐渐接触到里斯本城内许多的科学家。

堂·恩里克王子召集在航海研究院的大批宇宙志学、天文学大师和航海科技人才，常常出入里斯本。这使得里斯本成了整个欧洲乃至全世界宇宙志学、天文学和航海科技的中心。在这里，哥伦布更加明确了自己的志趣所在。当听到那些冒险归来的船长和领航员讲述起自己亲眼发现、亲自测量过的海岸、海岛、河流、陆地，特别是新的发现与已有的认识有所出入时，可以想象，哥伦布这样的绘图员会激发起多么大的疑惑和惊讶。正是在这个时期，哥伦布阅读了大量相关的古今典籍，并积累了丰富的研究资料。

更加深入广泛的阅读和学习，加上恰逢蔓延于葡萄牙社会各阶层的大发现思潮方兴未艾，未知的海洋也逐渐向哥伦布展现出比以往任何时候都更加强烈的诱惑。这一年，他阅读的书籍中包括古罗马作家塞内加的悲剧作品《美狄亚》。后来，他在自己所写的《预言书》中，对这部剧作的某些诗句做了如下一些解读："世界的最后几年就要到了，大洋海上将要漂出可怕的东西，一块新的大陆将会产生；就像给亚森当导游的蒂菲斯一样，将有一个新海员去发现新的世界，地球的末端就不再是图勒岛了。"

在类似的阅读和学习中，哥伦布头脑中想象的楼阁逐渐建立起来，他对自己的定位也越来越明确，一个即将去发现"新的世界"的"新海员"。当新的出航机会出现的时候，哥伦布也是当仁不让。他很快就开始驾船或者作为船员去附近一些岛屿，替商人们购买物品或者送货。

1477 年 2 月，哥伦布远航到达了"图勒"岛，也就是现在的冰岛。哥伦布发现，这个岛屿的位置比当时人们普遍认为的更靠北，也更靠西。尽管如此，图勒岛附近的海域并不像人们猜测的那样，在冬季会发生冰冻，至少在哥伦布到达的那个冬季是这样。而在他到来之前，英国人已经带着他们的货物来这里进行经商。

在前往图勒岛的途中，哥伦布曾在爱尔兰西部的戈尔韦港停靠。在那里，他发现了两个抱着木头的遇难者，一男一女，女的脸型扁平，非常美丽。据此，他断言，这两位遇难者很可能来自中国。在他航行经过的这片北大西洋高纬度海域，常年刮着猛烈的西风，使得帆船逆风难行。那么，那两位中国的遇难者，不也是自西向东顺着洋流漂浮过来的吗？

现在看来，哥伦布对那两位遇难者身份的判断出现了重大失误，因为隔着美洲大陆，在当时，中国的遇难者尸体无论如何也不可能出现在北大西洋的海面上。他们很可能来自某条失事的北欧船只，因为他们的长相实际上非常接近北欧的芬兰人或拉普人，并不像哥伦布当时所熟悉的南欧或西欧人。

然而，这种错误的判断却使哥伦布坚定了一个信念：既然来自遥远东方的中国遇难者可以从西面漂来，那么，从葡萄牙出发向西一直航行下去，不也可以到达东方吗？这样的信念与当时葡萄牙的绝大多数开拓者和航海家的思路迥然不同。一直以来，他们努力的方向是：沿着非洲大陆西海岸一路向南，找到绕过非洲大陆的通道，然后折而向东，驶向遥远的东方。

当然，哥伦布西航到达东方的信念，根本上还是立足于“地球是圆的”这样一个基本的地理学观点。一个常被人们讲述的故事说：有段时间，哥伦布常在海边观看远航归来的船只。这些船在地平线上出现的时候，最早显露出来的总是高高耸立的桅杆尖顶，然后是船帆，最后才是船身。由此哥伦布断定，地球是一个球体，而不是像之前人们认为的那样“天圆地方”，大地的尽头更没有让人永远沉没下去的“地狱”。

实际上，在关于哥伦布的诸多故事中，这是地地道道的神话之一。在他生活的那个时代，每个受过教育的人都已经相信地球是个球体。据说，古希腊哲学家亚里士多德就曾经说过：从西班牙向西跨越大洋，只需少量时日就可以到达东方的印度。大约逝世于公元 23 年的希腊地理学家斯特拉波则进一步暗示说，有人曾做过向西航行前往印度的尝试，只不过由于“决心不够，粮食不足”，最终都中途折返了。

到了哥伦布生活的时代，让人们相信向西航行可以到达东方，在理论上已经不是什么难事。关键在于，如果真的这样做，可行性到底有多大？从欧洲西端到亚洲东端，距离到底有多远？这样遥远的距离，以当时的航海技术和条件，究竟能不能成功完成远航？

在当时最权威的托勒密地理学著作中，对于加那利群岛和印度地区最东部之间的距离估算为经度 135 度，略大于地球周长的 1/3。但事实上，两地之间的实际距离为经度 180 度，相当于地球周长的 1/2。考虑到当时的欧洲人并不知道美洲大陆的存在，以当时的航海技术和条件，在浩渺无际的大洋上，跨越这么远距离的航行，是根本无法想象的。幸好，当时人们对于两地之间距离的估算要小得多。在哥伦布之前，真正把穿越大西洋的可能性付诸实施并获得成功的人还从未出现。

这样远距离的航行，除了指挥者需要具备坚定的信心和强大的意志力以外，还需要足够的资金，需要征募足够的探险队员，并且还需获得指挥这些探险队员的权力。在当时，这都需要获得某位强大而开明的君主的直接资助和支持。

对于刚从“图勒”岛航行归来的哥伦布来说，跨越大西洋西航的构想或许还没有成形，但已经在悄悄酝酿。他这次远航北大西洋高纬度海域的奇异经历，也在里斯本的热那亚侨民中迅速传播开来，使他在当地逐渐小有名气。

这个时期，哥伦布开始以崭新的面目出现在公众场合，他在葡萄牙宫廷里可能有了一些有势力的朋友。“他拥有典型的北部意大利人的体型，身高中等偏上，身体结实，面色红润，略有斑点，鹰钩鼻、长脸盘、蓝眼睛、高颧骨，五官端正。他身穿暗红色的细丝绒紧身上衣，紧身长裤，脚蹬锃亮的深筒黑皮靴，腰系一条拴着带鞘匕首的精美宽腰带，身披一袭长长的黑呢氅式斗篷。这位初露头角的年轻人已是一位优秀的拉丁文学者，精通宇宙学，与陌生人打交道时谈吐文雅、十分谦和，不得不生气的时候却也性情暴躁。”

里斯本塔古斯河附近，离哥伦布兄弟工作的制图所不远，有座多斯桑托斯修道院，属于圣地亚哥军界骑士团，原本是在骑士出征时供他们的女眷静修的场所，此时却已变成一个时髦的寄宿学校，供葡萄牙贵族小姐上学。它还附设有一座小教堂，供做弥撒的公众进出。

哥伦布经常出入这座小教堂。他在这里邂逅了一位名叫费利帕·佩雷斯特雷洛·伊·莫里斯的姑娘。年轻的姑娘温柔娴静，婀娜多姿，有着大海一样深情的眼睛。她出身名门，父亲堂·巴塞洛缪·佩雷斯特雷洛是来自意大利高贵的皮亚琴察家族，这个家族于14世纪迁到里斯本。1425年，佩雷斯特雷洛参加葡萄牙的殖民地远征时，去过马德拉群岛，因发现有功，被任命为马德拉群岛中圣港岛的总督。佩雷斯特雷洛带领许多葡萄牙人移居岛上，开荒种地，培植经济作物，每年向葡萄牙王室贡献大量土特产品，因此又被选为里斯本市议员，并获得了圣港岛总督的世袭特权。1457年，佩雷斯特雷洛去世。

费利帕的母亲堂娜·伊莎贝尔·莫尼斯出身于显赫的莫尼斯家族，伊莎贝尔的父亲也曾追随恩里克王子远征摩洛哥。丈夫去世以后，伊莎贝尔夫人把圣港岛总督的职位出售给了她继女的丈夫，自己住在里斯本。她的儿子、费利帕的哥哥巴塞洛缪宣告母亲的出售行为无效，亲自接任圣港岛总督。当费利帕获得哥伦布的青睐时，伊莎贝尔夫人只靠微薄的收入勉强维持着她的体面和贵族身份。因此，得知哥伦布是一个志向高远、前途远大的年轻海员和商行代理人后，老夫人爽快地答应了这门亲事。

哥伦布和费利帕在教堂举行了婚礼，随后老

夫人把丈夫生前珍藏的海图和书籍文献送给了哥伦布。这些海图和书籍汇集了恩里克王子时代葡萄牙人探险事业的全部成果，对未来的航海家哥伦布来说，这是一笔比黄金还要珍贵的财富。

婚后，哥伦布夫妇与岳母共同生活过一段时间。伊莎贝尔夫人发现这位年轻人对海上生活怀着极大的兴趣，就把丈夫经历过或讲过的故事搬出来给他重讲一遍。其中一个故事说，佩雷斯特雷洛初到圣港岛时，带去了一只母兔。谁想母兔繁殖得非常迅速，不到一年时间，岛上就兔子遍布，把岛上的草啃了个干净。葡萄牙人不得不把它们迁移到附近的马德拉岛上去。等到圣港岛的生态平衡得到恢复，葡萄牙人才重新向这里移民。类似这种航海和海外领地的故事，让哥伦布感到欢欣鼓舞。

新婚妻子费利帕对哥伦布付出了全部的柔情蜜意。不过，她并不是一位矫揉造作、胸无大志的贵族小姐，她希望丈夫也能像父亲那样劈风斩浪、凌波万里。她多次规劝哥伦布放弃那种消磨人意志的商行肥缺，把更大的精力投入到航海探险事业中来。在爱情的鼓舞下，哥伦布疯狂地钻研岳父留给他的海图和书籍，全盘掌握了葡萄牙人的航海路线和经验。在内兄、圣港岛总督巴塞洛缪的帮助下，他还结识了许多上流社会的人物，特别是航海活动中的上层人物。

1478 年夏天，哥伦布受热那亚森图里奥尼商行委托，前往马德拉岛采购蔗糖，然后运往热那亚。这次差事也使他有机会接触圣港岛和马德拉岛这些探索未知世界的前沿阵地，同时也使他亲眼看到葡萄牙人使用大量黑奴劳动的甘蔗种植园，这对于他日后的远航，以及发现西印度群岛后在当地实施殖民管理都是重要的经验积累。

偕妻子费利帕到达马德拉群岛后，哥伦布首先前往圣港岛拜会了内兄巴塞洛缪。总督热情地接待了这对新婚夫妇，安排他们在圣港岛住下。在闲聊中，哥伦布得知这位内兄经常参加葡萄牙宫廷召开的海上开拓会议。巴塞洛缪甚至向哥伦布透露了一些机密文件，比如意大利佛罗伦萨的医师兼宇宙志学者保罗·托斯坎内利给里斯本大教堂的神父费尔南·马丁内斯信件的抄件。

马可·波罗从东方回来以后，带回了有关中国和日本的奇妙故事，他口述的游记激起了欧洲人对于东方的强烈好奇心和丰富的想象。不过，按照马可·波罗的说法，亚洲的疆域比当时人们普遍认为的要向东扩展得多，而这一点和当时被视为权威的托勒密地理学观点相互抵触。所以，不少人认为马可·波罗是个说谎的人。托斯卡内利是少数支持马可·波罗见解的科学家之一。他在与朋友马丁内斯的来往中提到，根据马可·波罗的发现，他认为亚洲的东部距离葡萄牙比一般人认为的要近得多。马丁内斯把托斯卡内利的意见上报给葡萄牙国王，国王要求马丁内斯转告托斯卡内利，请他回信详细说明他的见解。1474 年 6 月 25 日，托斯卡内利从佛罗伦萨写信给马丁内斯，马丁内斯把信转交国王。信中说：“从海路去香料之国印度，比你们经过几内亚去那里更近”，“任何人向西航行，都可以在西方找到那些地方”。信后还附有一幅托斯卡内利绘制的航海线路图，标明了从葡萄牙向西航途中可以登陆的若干地点。根据这幅航图的测算，从里斯本向正西航行到达中国只有 5000 海里，而另一条航路要经过希腊神话中提到的安第利亚岛，航行 2000 海里后即可到达日本，那里“黄金、珍珠和宝石最多，他们用赤金盖庙宇和宫殿”。托斯卡内利最终的结论是，“走这条人所不知的航路到达那里要经过的海洋并不太宽阔”。他希望葡萄牙国王把这条航路开辟出来。

现在我们知道，托斯卡内利严重低估了葡萄牙与中国，以及与日本之间的距离，他也不知道美洲大陆的存在。就是因为这样一个错误的估算，却给了哥伦布莫大的信心，他向西航行前往东方寻找“黄金之国”的朦胧想法也逐渐变得清晰起来。

尽管在圣港岛收获颇丰，但是哥伦布受委托进行的那桩生意，最终并没有成交。1479 年夏天，哥伦布驾船抵达热那亚时，并没有带着蔗糖。在热那亚的法庭上，他陈述了这桩买卖的全部经过。这也很可能是他最后一次返回故乡了。很快，他便回到了葡萄牙。

1479 年底，哥伦布辞去热那亚森图里奥尼商行在里斯本的代理人职务，与妻子一起前往圣港岛，在那里定居下来。1480 年，他们的长子迭戈·哥伦布出生。这位哥伦布的继承人，后来承继哥伦布出任西印度群岛第二任海洋统帅和总督。

哥伦布一家在圣港岛住了不到两年，便迁往了马德拉岛的丰沙尔城。在这个发现未知世界的前沿阵地上，哥伦布一边做运输小麦、葡萄酒和蔗糖的生意，一边密切关注着大西洋上一切奇异的迹象。丰沙尔城耸立在葡萄园环绕的山腰间，作为一个水陆转运港口，它已经繁荣了50年。除去为哥伦布的生意提供了天然的便利条件之外，几乎每天，新发现的消息都向这里汇集。哥伦布经常寻找曾航行到未知水域的水手，详细探听情况。一位名叫马丁·文森特的葡萄牙舵手告诉哥伦布，他曾向圣文森提角以西航行了450海里，从海中捞起一块雕刻精细的木头，但并不是用铁器雕刻而成，因此很可能是刮西风时从西边某些未知的岛上漂过来的。哥伦布的妻妹夫、曾担任过圣港岛总督的科雷亚也表示，自己在圣港岛也见到过同样的木块。另一位曾去过亚速尔群岛西边的弗罗雷斯岛的人则告诉哥伦布，他曾看到海上漂来两具尸体，面部扁平宽阔，和欧洲人大不一样。这使哥伦布想到自己在戈尔韦看到的那两具尸体，而他们的面部特征与马可·波罗笔下的东方人面部特征似乎都不谋而合。这样的消息一点一滴汇聚在哥伦布心底，仿佛一种启示，一个未知的东方新世界正在大洋彼岸向他招手。

在未知世界的入口处受挫

1481年，葡萄牙老国王去世，他的儿子若奥二世即位。在他登基之前，葡萄牙刚刚结束了一场和西班牙之间旷日持久的战争，两国签订条约，确认了葡萄牙对非洲海岸和加那利群岛以南诸岛的绝对权利。还在做王子时，若奥二世就曾设法由葡萄牙王室垄断非洲贸易。登基以后，他决定在黄金海岸建筑一座堡垒，以防备欧洲的其他竞争对手，并让当地土人遵守秩序。于是，他派出一支由九艘轻快帆船和两艘大运输船组成的团队，在迪奥戈·达阿赞布雅的率领下前往黄金海岸。1482 年，一座大型石砌城堡在黄金海岸建成，取名圣乔治·达米纳商行，也称“金矿要塞”。不久，哥伦布受聘作为一支贸易船队的船长，前往几内亚，途中参观了这个要塞。他认为，这个要塞位于赤道以南（实际在赤道 0 度线附近），而他亲眼看见了这个酷热的地方是可以住人的，从而打破了赤道以南无人居住的迷信观点。这次航行长达 2000 多海里，大大提高了哥伦布在大西洋沿岸航海的技术，同时使他更加相信：“我也可以像葡萄牙人向南航行一样，向西做长距离航行，在这条海路上可能也有陆地。”

这是哥伦布的西航计划酝酿成熟的关键时期。在他远航去几内亚之前，哥伦布经住在里斯本的一位佛罗伦萨朋友介绍，写信给托斯卡内利，向他求证跨越大西洋前往东方的可能性。令哥伦布大喜过望的是，这位宇宙学者很快便给他写了回信，热情赞扬了他的理想，信后还附上了1474年写给马丁内斯的复信的抄件以及航海图。为了解更多情况，哥伦布再次致信托斯卡内利。在第二次复信中，托斯卡内利再次强调了西航前往亚洲的可能性，希望哥伦布更加奋发，把这一航海事业付诸实施。托斯卡内利预言，从葡萄牙前往中国，只需航行5000海里。而哥伦布自己缩短了地球一个经度的长度，因此对这一距离的估算还要小得多，只有大约3550海里！我们今天知道，这是一个严重错误的估算。如果按照哥伦布的计算结果，那就意味着把中国搬到了今天美国的位置。可是，也正是这一计算结果，大大增强了哥伦布远航的信心和勇气，并且最终使一个前所未知的大陆浮现出来。18世纪法国著名的地理学家让·巴蒂斯塔·安维尔曾如此评价："哥伦布一个极大的错误导致了一次极其伟大的发现。"

从几内亚远航归来以后，哥伦布已经站在自己未来事业的入口处了。1482年下半年，葡萄牙国王又派遣迪奥戈·卡奥沿非洲海岸南下，继续开拓新的领地。卡奥首次越过赤道，发现了水势浩大的刚果河。1484 年春天，卡奥返回里斯本，被国王封为骑士和贵族并被授予一枚盾形纹章——对于一个航海家来说，这样的奖励还是第一次。默默旁观的哥伦布充满了羡慕之情，但他却自信地想："这样的奖励绝不是最后一次。我会做出比发现几内亚湾和刚果河口更伟大的发现。"

这一年稍晚一些时候，国王若奥二世成立了一个数学委员会和海事咨询委员会，专门处理航海及发现等事宜。1485 年，委员会成员、萨拉曼卡大学数学教授若泽·维辛奥被派往非洲，确定一些重要地点的纬度。当他回来报告时，哥伦布也在现场。大概在 1484 年底，哥伦布就通过朋友疏通，进入了葡萄牙宫廷，正式向若奥二世提出了西航计划。

哥伦布向若奥二世提出的请求是，请国王派出三条轻快帆船，选派适量的水手、储备一年的粮食、装载一批货物，由他率领向西航行，寻找日本岛、中国和其他未知的陆地。如果航行成功，请求国王封他为骑士，并且让他的子孙都能得到"堂"的尊号；他还要求国王封他为海洋统

帅和任命他为他所发现的一切陆地与岛屿的终身总督；并且从发现的一切土地上获得十分之一的收益，获得往来这些地区的贸易船只八分之一的收益权。

虽然，国王若奥二世把这位年轻人看成吹牛皮、贪婪无度的空谈家。但是，他仍然把哥伦布的计划交给数学委员会进行审议。委员会经过近7个月的计算和讨论，一致认为哥伦布大大低估了横渡大西洋前往东方所需要航行的距离，他们觉得哥伦布的话全是空谈，“纯粹建立在他的幻想之上，或建立在马可·波罗所讲的日本岛那一类事情上”。结果，委员会断然否决了哥伦布的航行计划。

实际上，数学委员会对航行距离的估算更加接近实际。在那个年代，无论他们还是哥伦布，都还不知道美洲大陆的存在。如果他们能像哥伦布那样，抱定即便到达不了日本，也一定另有发现的信心，发现美洲大陆的荣誉是不是就属于葡萄牙王国了呢？

实际上，若奥二世之所以拒绝哥伦布的计划，除了这样的远航的确超出他的想象之外，还有他自己的私心。因为当时卡奥已经沿非洲海岸航行到赤道以南，这个方向的探险看起来进展非常顺利，如果再继续努力，说不定哪天就可以绕过非洲向东航行到达东方，至少这种可能性比哥伦布那种“不切实际的幻想”要靠谱得多。另一方面，1481 年，若奥二世登基后不久，里斯本的议会就曾经呼吁他驱逐热那亚的水手和商人，以免这些外国人窃取葡萄牙航海探险的机密，抢在葡萄牙人前面取得成功。这一次，他同样不愿意冒着被议会指责的风险，动用国库里的大量财物去资助这位狂妄的热那亚年轻冒险家。如果要干的话，也得葡萄牙人自己来干！

1485 年，葡萄牙国王若奥二世与两个臣民杜尔莫和伊什特雷托达成交易，要求他们向西航行 40 天，前往传说中的安第利亚岛。航行费用完全由这两个人负担，而他们所发现的任何东西都将作为王室赠品送给他们。如果航行成功，国王同意授予他们适当的荣誉头衔。另外，国王还答应，他们到达安第利亚岛后，如果遭到当地居民的暴力抵抗，将派皇家海军前去支援。

即便如此，两位葡萄牙探险家仍然感到非常为难，一直拖到 1487 年 3 月，才从亚速尔群岛中的特塞拉岛起航。选择这一起航点，意味着他们不得不沿着高纬度地区顶着西风向西航行。果然，起航不久，船队便遭到猛烈的西风，帆船失控，在汹涌的波涛中打转，最后不得不掉头返航。

而遭到拒绝的哥伦布，为了筹备远航，已经债台高筑。1485 年，他的妻子费利帕因贫病交加在里斯本去世。他举债为贵族出身的妻子治丧，将她埋葬在了里斯本卡莫教堂的墓地里。眼看在葡萄牙推行自己的计划已经基本无望，料理完妻子的丧事之后，哥伦布便决定离开里斯本，前往西班牙寻求支持。因为害怕债主追讨债务，哥伦布离开得悄无声息而又匆忙。他的弟弟巴塞洛缪仍然留在里斯本，继续靠绘制和销售海图维持生活。

第三章

光荣终将属于卡斯蒂利亚

西班牙的善意与温情

1485 年，哥伦布带着 5 岁的儿子迭戈搭乘一条小船，悄悄离开里斯本。船只绕过圣维森提角，经过萨尔季斯沙洲，最终到达安达卢西亚地区廷托河畔的帕洛斯镇。这时的帕洛斯和附近的韦尔瓦仿佛两个沉睡的小海港。不过，它们的萧条注定是暂时的。7 年之后，正是在帕洛斯港，哥伦布一声令下，开始了第一次横跨大西洋的伟大远航。

此时的哥伦布非常落魄，身无分文，形同乞丐。韦尔瓦住着哥伦布妻子的两个妹妹和她们的丈夫，除去这两家亲戚外，他在西班牙并不认识任何人。在为自己的远航计划寻求支持之前，哥伦布先把小迭戈安顿好。刚到港口的时候，哥伦布便打听到，离这里不远的山坡上，有一座方济各会的拉拉维达修道院。方济各会修士历来以殷勤好客而闻名，并且常常为孩子办免费学校。也许这座修道院可以容留下小迭戈。于是，从帕洛斯港登岸以后，哥伦布便领着小迭戈径直向这座修道院走去。

一阵急促的叩门声惊醒了拉拉维达修道院的看门人。他打开大门，看到门外站着一位 30 多岁的男子和一个幼小的男孩。男子身材高大强壮却衣衫褴褛、满脸疲倦，那个孩子看上去瘦骨伶仃、饥饿难耐。男子央求他给自己的儿子一些面包和水。看门人爽快地答应了他的要求。这时，拉拉维达修道院院长弗雷·胡安·佩雷斯恰好从一旁经过，便走到门口与这对父子交谈。男子说，自己名叫哥伦布，是一名热那亚水手，因遭遇海难，来到伊比利亚半岛，妻子又不幸在葡萄牙亡故，只好来卡斯蒂利亚闯荡，但自己身无分文，又带着孩子，很不方便，因此想找个地方寄养孩子，等自己事业有了眉目赚了钱之后，再来报答收养之恩。

通过一番对话，佩雷斯了解到哥伦布知识广

博、头脑聪明、抱负宏伟，日后必定会有一番作为。这对父子说得情真意切，也着实可怜，便答应把小迭戈暂时收养在修道院中。

安顿好小迭戈以后，哥伦布直奔韦尔瓦，投靠他妻子的两个妹妹——维奥兰和依秀。有一天，维奥兰的丈夫莫尔阿特高兴地告诉哥伦布："我打听过了，原来替你收养小迭戈的佩雷斯院长很有来头，他几乎认识西班牙所有的大贵族和大学者，还当过当今女王伊莎贝拉的忏悔神父。也许你可以向他求助，说不定他可以帮你实现西航的梦想呢！"

哥伦布非常高兴，立刻前去拜见佩雷斯，把自己的西航计划和盘托出，并把自己在葡萄牙碰壁的经过一五一十地告诉了他。作为一位天文学家和教会首脑，佩雷斯富有想象力和同情心，他仔细听完哥伦布的讲述以后，心中立刻有了主意，便对哥伦布说："你这项计划确实很有见地。不过，西班牙现在正在和摩尔人打仗，可能没法立刻派出探险船队。请你放心，我会尽力帮你实现这项计划的。"

佩雷斯说到做到，他一方面暂时把哥伦布安顿在修道院中，一方面写信给自己的朋友、塞维利亚方济各会分教区的守护人安东尼奥·德·马切纳神父。马切纳也是一位颇有影响的天文学家和星象学家，并与塞维利亚的贵族有着密切的联系。在信中，佩雷斯大力向马切纳推荐哥伦布，请他想办法给予帮助。很快，哥伦布携带着佩雷斯的书信，前往塞维利亚拜见马切纳。为了保险起见，佩雷斯专门派人全程护送，并在哥伦布的护照上附上了一枚方济各会的签证。

到达塞维利亚后，哥伦布与马切纳一拍即合，大有相见恨晚之感。马切纳断定，哥伦布日后必定大有作为。从此，他也成为坚信哥伦布的事业一定成功并坚定地予以支持的少数西班牙人之一。

在帕洛斯，佩雷斯院长也积极向当地居民传播哥伦布的观点和计划。当地许多头面人物听到这个消息，相继前来拜访哥伦布，充满热情地听他发表演说。这其中既包括来自韦尔瓦的医生加西亚·费尔南德斯，他详细记录了哥伦布的谈话，后来写进回忆录里，最终成为了解哥伦布远航事业的珍贵资料；这也包括帕洛斯港的平松三兄弟，他们后来都参加了哥伦布的首次远航，并出任首航船队中两艘船的船长。

与哥伦布会见之后，马切纳多次来到拉拉维达修道院，和佩雷斯商量帮助哥伦布的具体办法。两人原本打算让哥伦布直接进宫觐见西班牙双王①，当时双王就驻跸在距塞维利亚不远的科尔多瓦。但是，双王正忙于驱逐摩尔人的战争。为避免唐突坏了大事，马切纳和佩雷斯决定先把他推荐给西班牙贵族中最强势的人物，常住塞维利亚的梅迪纳西多尼亚公爵。作为西班牙的高级贵族，这位公爵出身于西班牙首富古斯曼家族，是国王手下最富有的大臣，统治着西班牙最富庶的安达卢西亚地区以及桑卡卢尔港周围广大的领地，经营着造船业和航海贸易。只要这位大人物愿意，他便有足够的经费承担起西航到达印度的一切事物。

对于哥伦布的造访，梅迪纳西多尼亚公爵一开始表现得非常不屑和傲慢："什么印度？我的

---

①西班牙双王，即卡斯蒂利亚女王伊莎贝拉和阿拉贡国王费迪南德。1469年，阿拉贡王子费迪南德与卡斯蒂利亚公主伊莎贝拉结婚。1474年，伊莎贝拉继承卡斯蒂利亚王位，与丈夫共治。1479年，费迪南德登上阿拉贡王位，两国正式合并，称为"西班牙"，由伊莎贝拉和费迪南德共治，他们合称"双王"。

‘印度’就在安达卢西亚！”但经不住哥伦布再三游说，更经不住东方无穷无尽的黄金、香料和珠宝的诱惑，他终于同意为哥伦布装备一支船队。

但是，就在哥伦布与梅迪纳西多尼亚公爵的谈判显露出曙光之时，这位大人物却因为与女王的宠臣加的斯公爵争夺势力范围，被女王下令调离了塞维利亚，剥夺了他对安达卢西亚地区的统治权。梅迪纳西多尼亚公爵从此失势，古斯曼家族的财富也大打折扣，不得不中断了与哥伦布的合作。

但西班牙最不缺的就是公爵、伯爵之类的大贵族。很快，哥伦布又带着方济各会修士们的推荐信，前去拜见梅迪纳塞利伯爵。这位伯爵的财力虽然不如失势前的梅迪纳西多尼亚，但是他在圣玛利亚港也有自己的大企业，还拥有一个独立的大商队。他本来还是卡斯蒂利亚王室长子直系的合法继承人，只是因其父亲早逝，王位才被自己的叔父、女王的父亲占去。尽管如此，这位伯爵对于王室却极为忠诚。这样的地位和态度，也使他深得女王信任，几年之后迅速晋升为公爵。

哥伦布对梅迪纳塞利的游说进展得非常顺利。这位未来的公爵非常欣赏他的胆识，听完他的陈述以后，立刻下令在自己的船坞中建造远航所需的三桅帆船，同时把他留住在家中，慷慨地提供食宿等一切生活费用。不久，三艘簇新的三桅帆船出现在梅迪纳塞利的船坞里，而且配备了海员，准备了一年多的食物，配备了船员以及其他一切必需的东西。

此前，哥伦布向葡萄牙国王提出远航计划时，提出的条件除了获得一定比例的经济收益以外，还要获得可世袭的贵族头衔，被任命为海洋统帅，以及一切可能发现的岛屿和大陆的总督。这也是哥伦布向梅迪纳塞利提出的条件。因此，在紧锣密鼓地为远航做准备并且盛情款待哥伦布的间隙，梅迪纳塞利也听到了一些议论，说在西班牙，除了双王，没有任何人有权力任命海洋统帅，也没有权力赐予哥伦布贵族称号，双王大概也不会允许其臣民独立去发现和占有新的领地。思考再三之后，这位忠于王室的伯爵决定先把事情上报双王，以取得王室的同意和支持，并把这份崇高事业的荣誉让给王室。

1485 年 12 月，梅迪纳塞利写信给卡斯蒂利亚女王伊莎贝拉，派人送到女王驻地科尔多瓦。信中详细报告了哥伦布的西航计划，并且说：

“他从葡萄牙来，还准备到法国去。”

信件送达的时候，双王正准备离开科尔多瓦，前往马德里过冬。看完信后，女王喃喃自语地说：“领地、荣誉，这些当然都不能送给法国人。”于是，她很快写了一封回信，命令梅迪纳塞利把哥伦布送到科尔多瓦，等待第二年春天她从马德里回来后当面接见。

1486 年 1 月，遵照女王的命令，梅迪纳塞利将哥伦布送到科尔多瓦，拜托双王的大司库阿隆索·德·金塔尼利亚照顾他的食宿和日常起居。金塔尼利亚把他安排在自己家中，“命令给哥伦布吃的和用的”，并对他的贫困深表同情。

哥伦布到达科尔多瓦的时间是 1486 年 1 月 20 日。安排好食宿之后，当天，金塔尼利亚便把他带进了王家枢密院。哥伦布向枢密院呈递了自己的西航计划。虽然，这一天，虽然双王并不在科尔多瓦，但哥伦布却一直把这个时间当作他正式为西班牙王室效力的开端。

在等候召见期间，哥伦布结识了一位年轻的姑娘，芳名比阿特丽丝·恩里克斯·德·哈拉纳。比阿特丽丝是一位农民的女儿，大约 1465 年出生于科尔多瓦西北部一个偏僻的山村里。在她很小的时候，父母就双双去世，她和哥哥佩德罗·德·哈拉纳（后来曾参与哥伦布第三次西航，并任船长）寄居在科尔多瓦城内、他们母亲的堂兄弟罗德里戈·恩里克斯·德·哈拉纳家中。

比阿特丽丝的这位堂舅以酿造葡萄酒为生，有一个名叫迭戈·德·哈拉纳的儿子。哈拉纳家的邻居中有一位名叫马埃斯特斯·胡安·桑切斯的外科医生；另一位邻居叫莱奥纳多·德·埃斯瓦拉亚，是来自热那亚的药商，在靠近科尔多瓦的耶罗港附近开有一家药店。迭戈·德·哈拉纳和桑切斯经常到莱奥纳多的药店里做客。哥伦布作为莱奥纳多的同乡，也常到这家店里小坐，并与这些年轻人交上了朋友。

哈拉纳家距离药店不远，熟识以后，迭戈·德·哈拉纳便邀请哥伦布到自己的家里做客。正是在哈拉纳家，哥伦布见到了迭戈·德·哈拉纳的堂表妹比阿特丽丝，两人一见钟情，很快便陷入爱河。两年多以后，比阿特丽丝生下费迪南德，哥伦布的第二个儿子。

哥伦布在比阿特丽丝那里找到了相当浓烈的情感抚慰，他也始终很看重她在自己心中的分量。1502年，哥伦布命令长子迭戈送给比阿特丽丝10000马拉维迪铜币[①]，这是他因首次发现新大陆而得到的酬金。1506年，在一份遗嘱中，哥伦布又叮嘱迭戈："比阿特丽丝·恩里克斯是我儿子堂·费迪南德的母亲，要使她过得稍微尊贵一些，因为她是一个有恩于我的人，她在我心上很有分量，你照看她使我良心宽慰。"

尽管哥伦布的妻子费利帕已经去世，但哥伦布却始终没有和比阿特丽丝成婚。这可能因为，哥伦布觉得，比阿特丽丝低微的出身使她无法成为自己这位未来海洋统帅和总督的理想配偶，何况他当时还正在想方设法向西班牙王室和权贵寻求支持；还可能是因为，哥伦布受方济各会修士们的影响，坚持过着节欲苦修的生活，放弃婚姻，全身心投入到冒险西航的伟大事业中去。无论如何，比阿特丽丝及其家人都没有对两人没有结婚而感到不快，反而因为和哥伦布的结缘而深

①马拉维迪铜币，是哥伦布时代西班牙通行的一种金属货币，重约96克。

感自豪。哈拉纳家族和哥伦布长子迭戈一家的亲密关系一直保持了三代。比阿特丽丝和哥伦布所生的儿子费迪南德，后来则成了哥伦布传记最早和最重要的作者之一。

“你所说的一切都是空谈”

1486年4月末，西班牙女王伊莎贝拉和国王费迪南德结束了在马德里的越冬生活，重新进驻科尔多瓦的阿尔卡萨宫。这年5月1日，哥伦布见到了他等待了3个多月的西班牙双王。

这次会见中的三个人年龄非常接近：国王费迪南德34岁零两个月，哥伦布还不到35岁，女王伊莎贝拉刚满35岁。不过，关于这次历史性会见，我们能了解到的细节非常少。当时在现场的贝尔纳尔德斯，根据文字记录和自己的观察把这次会见概括成了如下一段话：“就这样，克里斯托弗·哥伦布来到了堂·费迪南德国王和堂娜·伊莎贝拉女王的宫廷，他向国王们讲述了他的想象；对此，国王们不大相信；哥伦布向他们解释，并保证他对他们所讲的都是真的，还把世界地图拿给他们看；这样，哥伦布让国王们产生了想知道那些土地的愿望。”

对于哥伦布提出的计划，西班牙双王充满疑惑，但也流露出了相当大的兴趣。自从 1479 年和葡萄牙签订条约以后，西班牙被迫放弃了在非洲沿岸的贸易权；如何开拓新的海外领地，也成为他们颇为关心的事情。但是，那个时候，西班牙双王正集中精力收复格拉纳达，这也是摩尔人在欧洲占据的最后一块领土，他们无暇他顾。会见结束后，女王一方面吩咐留下哥伦布，照顾好他的生活；一方面成立一个由学者组成的特别委员会，专门审议哥伦布的计划。

1486 年夏天，在塔拉韦拉的领导下，特别委员会在科尔多瓦召开了第一次答辩会。年底，因为西班牙王室要到萨拉曼卡欢度圣诞节，特别委员会也随之转移到那里，具体地点是萨拉曼卡大学的圣斯蒂芬学院。这个学院的主持者是神父迭戈·德·德萨。不久，哥伦布便发现这位素不相识的神父竟成了他在西班牙最热心和最有效的支持者之一。

特别委员会主要由一批数学家、地理学家、天文学家和宇宙志学家组成，另外还有一些经验丰富的海员。在萨拉曼卡举行的会议上，哥伦布未能说服委员会相信地球是圆的，所以他的计划遭到了否决。因为当时西班牙特别是萨拉曼卡大学是当时欧洲最好的宇宙志学中心之一，教授中有当时最伟大的犹太天文学家阿布拉哈姆·萨库托，这里还是最早在课堂上介绍哥白尼的日心说的大学之一，特别委员会的成员也并非一些等闲之辈。大家在会议上争论的焦点并不是“地球是方的还是圆的。”这样一个无聊的问题，而是和在葡萄牙一样，讨论从欧洲出发横渡大西洋，到底要航行多远。在这个问题上，反对者们的意见总是对的，也更加接近实际。作为主持者的塔拉韦拉甚至觉得哥伦布太急于干成大事，想获得最高荣誉，成了一个中了邪魔的可怜人。有一位名叫罗德里戈·马尔多纳多的市政评议员到过开会现场，据他后来回忆说：“塔拉韦拉和几位智慧的学者及海员在讨论海洋统帅去寻找海岛的计划，他们认为统帅所讲的都不可能是真实的，在他们绝大多数人看来，情况与统帅所坚决主张的相反……”

与反对者的声音相比，支持者的声音要弱小

和温和得多。特别是哥伦布关于西班牙和东方之间的大洋并不辽阔这一观点，就算像德·德萨这样最坚定的支持者也不敢完全认同。有一些有识之士仍然认为，哥伦布的计划中还是有某种真实合理的成分，值得一试。德·德萨在其中更是起到了关键的作用。在这期间，这位著名的神父被任命为王位继承人胡安王子的监护人，升任塞维利亚大主教，并接替托马斯·德·托尔克马达神父担任宗教法庭总法官。在他的据理力争和其他一些学者的暗中支持下，特别委员会并没有轻易做出结论，而是决定延期做出审查报告。不久，哥伦布就被列入西班牙王家薪俸册，按月领取王室发给他的薪水。

1487 年春天，哥伦布与德·德萨一道，随同王室回到了科尔多瓦。当时，科尔多瓦是西班牙围攻摩尔人堡垒格拉纳达的军事基地，战争前线在距此不远的港口城市马拉加。不久以后，哥伦布接到王室邀请，前往马拉加前线的王室营地。女王为哥伦布给所有市县地方官员发出一封公开信，要求他们必须给从科尔多瓦来的克里斯托弗·哥伦布提供免费食宿。

虽然哥伦布暂时摆脱了衣食之忧，但他的远航计划，一时再也无人提及，对于他这位渴望行动的人来说，是一段非常难熬的时期。1487 年 8 月 18 日，西班牙围攻马拉加的战争终于取得胜利。哥伦布原本以为这是向西班牙双王重提西航计划的绝佳机会，但对于双王来说，当下更重要的事情是，格拉纳达这个更加强大而坚固的堡垒还在摩尔人的手里。唯一有收获是，在庆祝战胜摩尔人的马拉加庆典和这年秋天随同王室返回科尔多瓦期间，哥伦布又结识了西班牙朝廷内的不少达官贵人，比如阿拉贡王室司库大臣路易斯·德·桑坦赫尔，卡夫列尔·桑切斯，费迪南德国王的侍从长官胡安·卡布雷罗，国王的秘书长官胡安·德·科洛马。这些人在哥伦布后来实施远航的过程中，都起到了非常关键的作用。

1487 年冬天，科尔多瓦一带发生鼠疫，哥伦布和朝廷大臣跟随双王逃避天灾和寒冷的天气，来到阿拉贡王国过冬。朝廷追随着国王们的脚步不停迁徙，先来到阿拉贡王国的都城萨拉戈萨，第二年春天又南下到西班牙东南部地中海岸边的穆尔西亚地区。他们在穆尔西亚一直待到 1488 年

5 月，之后再次北上，迁往西班牙北部的巴利亚多利德。

在这四处奔波的生活中，哥伦布仍然关注着自己的目标，随时注意收集外部证据，以加强自己的远航计划的说服力。比如，在穆尔西亚，一位名叫佩德罗·德·贝拉斯科的海员曾对哥伦布讲起，他们在某次向爱尔兰航行时，向西北偏航了很远，看见了伊比利亚西的土地。哥伦布也曾数次谋求会见一些高层教士和高级官员，向他们阐述自己的想法，寻求他们的支持，但大多数人都讥笑他是一个幻想家。

西班牙王室也渐渐对哥伦布的远航计划失去了兴趣。1488 年 6 月 16 日他从王室领取了最后一笔薪俸以后，就再也没有接到过领取薪水的通知。塔拉韦拉领导的特别委员会仍然没有提出报告，但也没有通知哥伦布离开西班牙。仅有的一笔微薄收入也断绝了，无论为了自己的远航计划，还是为了维持最基本的生活，哥伦布都不得不另谋出路了。他又想到了葡萄牙国王若奥二世，想回去和他重新谈判，争取支持。

其实，早在这年年初，哥伦布就给若奥二世

写过信，表达了自己为葡萄牙王国效劳的愿望，希望能返回里斯本，当面向国王解释，请他相信自己的计划是周密的。1488 年 3 月 20 日，若奥二世回信给哥伦布。信中表达非常亲切而热情，称哥伦布为“我们的特殊朋友”，邀请他回到里斯本，并保证他在葡萄牙可以来去自由，不会因任何原因而受到逮捕、拘留、控告、传讯或起诉。若奥二世的态度也说明，尽管他对哥伦布的远航计划存有疑惑，他也不愿意看到这项计划被西班牙王室接受。

现在，哥伦布终于到了认真考虑若奥二世的邀请的时候了。1488 年 12 月，哥伦布满怀希望地回到里斯本，但事情的发展远远超乎了他的预料。他到达的时候，葡萄牙航海家巴尔托洛梅乌·迪亚士经过一年零五个月的航行后，刚刚回到里斯本，带回了发现了非洲最南端的好望角的消息。这年 3 月 12 日，这位伟大的航海家已在好望角的崖石上刻下了葡萄牙国王若奥二世的名字。这也意味着，若奥二世即将找到一条绕过非洲向东航行前往印度的航道，对他来说，西航的计划已经无关紧要。既然如此，哥伦布没有去面见若奥二世，便匆匆回到了西班牙。

哥伦布此次回里斯本，唯一的收获是见到了弟弟巴塞洛缪。兄弟俩的这次会面，也使巴塞洛缪开始加入到哥伦布的远航事业之中。年底，受哥伦布委派，巴塞洛缪赶赴伦敦，向英国国王亨利七世寻求支持。据哥伦布的儿子费迪南德讲，他的叔叔觐见英王时，曾献给他一幅世界地图，上面有一句颇有意味的拉丁文题词，大意是：“您希望知道各国的海岸，您就必须依靠这幅根据斯特拉波、托勒密、普林尼和伊西多雷教导制作出来的地图。”据说，亨利七世对于巴塞洛缪所提出的远航计划非常感兴趣，但直到 1493 年哥伦布成功到达西印度群岛的消息传来时，这个小气的英国国王仍在与巴塞洛缪讨价还价。不过，另一位关于哥伦布远航事业的写作者奥维多却说：他比费迪南德写书的时间要早得多。巴塞洛缪的建议实际上很快就被国王的顾问们否决了，他们嘲笑哥伦布兄弟的计划，认为他们的想法都是空谈。

按照奥维多的说法，最晚在 1490 年年内，巴塞洛缪就离开伦敦，来到巴黎的法国宫廷。可是，法国的查理八世也拒绝了巴塞洛缪的建议。不过，在法国，巴塞洛缪却博得了查理八世的姐姐、曾在国王年幼时担任过摄政王的安娜·德·博热的好感。她把巴塞洛缪作为门客留在了枫丹白露宫。这样，法国支持他们的航行计划的可能性继续保持了下来。然而，直到哥伦布第一次远航成功的消息传来时，巴塞洛缪还在法国宫廷一边遥遥无期地等待着回复，一边受雇佣在那里绘制地图。

1489 年初，哥伦布回到西班牙后，始终期待塔拉韦拉领导的特别委员会能够对他的远航计划给出一个赞同的报告。而对西班牙双王来说，这个时期更迫在眉睫的是，正与退缩在格拉纳达的摩尔人正在进行最后的决战。

1488 年冬天，西班牙女王伊莎贝拉派人到巴塞罗那的犹太人珠宝行里，典当了她祖传的金银珠宝和首饰，包括 13 世纪圣费迪南德国王的珍珠王冠，用典当得来的钱购买了大批军粮、武器和弹药，之后便开始集结军队，向格拉纳达进发。1489 年 5 月，西班牙国王费迪南德又率领近 10 万大军，前往格拉纳达的东部重镇巴萨，参与对这座城堡的围攻。

大概是听说了哥伦布曾前往里斯本的消息，西班牙双王担心他被葡萄牙人、英国人或者法国人抢走，于是决定把这位虽然充满“空想”但又极为稀缺的人才留在身边。另一种可能是，哥伦布自葡萄牙回来后的几个月中，又想方设法向女王重新提出了觐见的请求，女王则通情达理地答应了他。就在 1489 年 5 月 12 日，西班牙大军正在对巴萨城进行包围，战事一触即发之时，双王忽然为哥伦布发出一封公开信，命令他立刻赶到他们的驻地巴萨军营去，同时敕令沿途的所有地方官吏，必须在哥伦布经过自己的辖地的时候，给予他免费食宿的方便。

哥伦布立刻遵照命令赶到巴萨军营。据说他作为志愿兵参与了围攻巴萨城的战斗，表现了惊人的勇猛精神。这个时候，埃及派来使节，威胁西班牙双王说，如果他们不停止对摩尔人的进攻，他将迫害他辖区内的基督教徒，并铲平耶稣的坟墓。哥伦布敏锐地抓住这个机会，向双王进言说，如果让圣地巴勒斯坦继续处在阿拉伯人的控制下，将是一件非常危险的事情，因此他请求双王尽快派他向西航行，到东方寻找新的财源，以便装备一支新的十字军，解救圣城耶路撒冷。后来，哥伦布回忆说：“我曾向陛下保证，我的事业挣来的一切财物，都将用于征服耶路撒冷；陛下听了以后笑了，说这使他们感到满意，还说就算得不到这一头，还可以得到那一头。”但是，双王既没有拒绝也没有明确接受他的建议，而是命令军队加紧对巴萨城进行围攻。

1489 年 11 月 4 日，巴萨城终于被攻破。紧接着，摩尔人的另一要塞阿尔美迪亚也宣布投降。1490 年初，西班牙王室集中在塞维利亚，度过了一段欢庆胜利的时光。5 月，西班牙双王为他们的长女和葡萄牙王子举行了豪华的订婚礼。11 月，西班牙公主在两国权贵的陪同下到达里斯本，与葡萄牙王子举行了盛大的婚礼。

对于西班牙人来说，1490 年无疑是个喜庆的年份。但是，这一年，哥伦布几乎再次走到了绝境。这一年下半年，在等待了近 4 年之后，塔拉韦拉领导的委员会终于向双王提出了一份审查报告，核心意思是，“断定哥伦布所许诺和提供的东西都是办不到的，都是空谈，应该予以否决”。

他们在报告中劝告双王："让王室支持一桩基础不稳固的事业，支持一桩任何受过教育、小有知识的人都觉得靠不住和不可能的事业，都不是一个恰当的目标。这件事除了浪费钱财和损害王室威信以外，不会有任何结果。"

虽然双王并未完全采纳委员会的报告，但仍然委婉地告诉哥伦布，等格拉纳达的战事彻底结束之后，他可以寻找一个更合适的机会，提请他们再考虑他的远航计划。但又等了几个月之后，哥伦布决定不再等待女王的恩宠了。这个时候，他 11 岁的长子迭戈还寄居在拉拉维达修道院，他的二儿子费迪南德正与他的母亲比阿特丽丝住在科尔多瓦的亲戚家，哥伦布缺少供养他们的必需品。更关键的是，他觉得在西班牙已经看不到事业成功的希望。于是，他决定到弟弟巴塞洛缪所在的巴黎去，到法国宫廷去碰碰运气。

临行前，他必须先告别一些亲友，处理一些家庭事务。1490 年底，哥伦布前往科尔多瓦，看望了比阿特丽丝和他们两岁的小儿子费迪南德，陪他们住了一些时日。1491 年春天，他又专程赶到加的斯港，拜谢圣玛利亚港的梅迪纳塞利公爵。公爵将他挽留数月，两人才依依惜别。

1491年夏天，哥伦布回到阔别已久的拉拉维达修道院，一方面向胡安·佩雷斯院长道别，并感谢他6年来对自己的长子迭戈的抚育，同时准备把迭戈接出来，转托给住在韦尔瓦的妻妹维奥兰照顾。

得知哥伦布打算永远离开西班牙之后，佩雷斯深感痛惜。他把费尔南德斯医生和帕洛斯港的船主马丁·阿隆索·平松等邀请过来，一同商议对策。佩雷斯对哥伦布说，如果他愿意留下来，凭自己多年前担任过女王忏悔牧师的资历，他愿意帮助哥伦布再争取一次面见女王陛下的机会。马丁·阿隆索·平松则表示，他愿意跟随哥伦布一起前去游说女王。能够得到这些新老朋友的理解和支持，哥伦布深感宽慰，决定在拉拉维达修道院暂时住下来。佩雷斯立刻写信给女王，并派人送到女王当时驻跸的圣塔菲军营。半个月以后，女王的回信送到了拉拉维达修道院，命令佩雷斯到圣塔菲军营中去，并让他劝慰哥伦布，等待女王的另一次召见。佩雷斯神父立刻动身。不久，女王又派人送来一封直接写给哥伦布的信和

20000 马拉维迪铜币，让他买一匹骡子和几件像样的衣服，前去觐见女王。老船长平松也竭力为他添置装备，并亲自陪同前往。

1491 年 8 月，哥伦布穿着一套崭新的衣服出现在女王面前。肯定是佩雷斯神父的意见起了关键性作用，女王决定把哥伦布的西航计划交由一个新的特设委员会审议。在审议中，塔拉韦拉神父和其他一些人又搬出古罗马著名的神学家圣奥古斯丁的理论，怀疑地球是否有另一面，企图再次否定哥伦布的计划。这时，出席会议的教皇使节杰拉尔迪尼说：“尽管圣奥古斯丁是一位伟大的神学家，但像哥伦布这样一位曾经跨过赤道的航海家，对于地球反面的地理情况，可能比圣奥古斯丁了解得还要多一些。”这样，哥伦布的计划终于被特设委员会通过。

接下来，哥伦布的计划又交给一个由高级贵族和高级教士组成的王家评议会审议，其中包括阿拉贡王室司库大臣路易斯·德·桑坦赫尔和国王的秘书长官胡安·德·科洛马等。他们审议的主要内容是：西航成功以后，哥伦布应获得的荣誉和报酬问题。哥伦布提出的条件如下：获封为贵族，有权享有“唐”的荣誉称号；获封为一切新发现的陆地和岛屿的副王和总督；任命自己为海洋统帅；有权从新发现的一切地区获取八分之一的收益，并有权获得王室在那里一切贸易活动销售额的十分之一；与治理新大陆的管理部门享有共同的发言权；自己的一切头衔和权利都可以世袭。这样的要求让王家评议会成员大为震惊，谁都无法做主，只好呈报双王，请他们亲自定夺。

1491 年 12 月，王家评议会成员与哥伦布一起觐见双王，听取他们的最后意见。一位在座的王家评议会成员首先汇报了哥伦布西航计划的可能性，双王仔细聆听着，面带微笑。接着，另一位成员汇报了哥伦布提出的条件。一个挨饿受冻的像乞丐一样的外国人，竟然要求得到像卡斯蒂利亚的大元帅那样的名誉和特权！面对这种贡献与要求极不相称的可笑条件。除去哥伦布自己，很多人都这样认为。国王们惊得目瞪口呆。当时，如果哥伦布对自己提出的要求能够作一些让步，国王们很有可能就会批准他的西航计划。但是，哥伦布认为，如果西班牙王室接受他的效劳的话，就必须付出高昂的代价；如果国王答应自己的条件，他将全力以赴；否则，“我就到法兰西去”。

对于哥伦布丝毫不肯退让的顽固态度，西班牙女王伊莎贝拉和国王费迪南德阴沉着脸，一言不发。这次觐见最终以失败而告终。

1492 年 1 月 2 日，摩尔人在西班牙的最后一个堡垒格拉纳达宣布投降，西班牙与摩尔人之间历时十年的战争终于结束。哥伦布有幸参加了受降仪式，分享了西班牙胜利的喜悦。但是，在这之前，他就已经接到通知：他的远航计划已经被明确地、绝对地否定了。双王在一次接见哥伦布的时候，亲自确认了这一点，他们表示这是最后一次接见，然后祝福哥伦布一路平安。

在西班牙等待近七年的结果竟是这样，哥伦布内心充满了巨大的挫败感。他当着圣徒费兰多起誓，这次他真的要离开了。他套上自己的骡子，把不穿的衣服、世界地图和一些关于宇宙志学、地理学和航海学的书籍装入鞍囊中，启程前往科尔多瓦。而他真正的目的地则是弟弟巴塞洛缪所在的法国，为此，他把女王临别时赠送的微薄的财物节省下来，作为前往法国的路费。

女王同意了！

实际上，哥伦布离开格拉纳达一个小时以后，女王就改变了主意。就在那一天，国王费迪南德的司库大臣桑坦赫尔前去觐见女王，他对女王说："陛下在一些意义重大而且重要的事情上面常常显示出果断精神，可是眼下对这桩小有风险的事业却踌躇不决，这使他觉得惊奇。这桩远航事业如果成功，将对上帝做出巨大的贡献，基督教的福音将由此传遍全球；它还将大大地扩大女王的疆土，提高西班牙王室的声威；这桩事业如果让别的国家抢先拿去，那么对于西班牙王国将是一个巨大的损失，对女王本人则是一个巨大的耻辱。"

"但是，西航所需要的钱从哪儿来呢？"女王问道。

"我来承担！这项事业实际上花不了多少钱，也不需要您动用国库。"桑坦赫尔说道。

女王深深为桑坦赫尔的热情和诚意所感动，立即表示，只要自己稍有喘息的时间，就会重新考虑这件事情；如果还要加快进度，她就把自己的珠宝首饰拿出来作为西航费用。但是，眼下，最关键的是：先把哥伦布追回来！

此时，哥伦布正经过松木桥村，离格拉纳达大约 10 英里，距离当时宫廷所在的圣塔菲 4 英里。正当他骑着骡子踽踽前行的时候，一位宫廷使者乘着快马赶上了他。当看到这名使者是从女王那里来的时候，哥伦布犹豫了一会儿；但他马上领悟到，这名使者实际上是从上帝那里来的，于是，他决定返回圣塔菲，返回到那个将让他永垂不朽的事业上来。

哥伦布的归来，大大增加了女王对哥伦布远航事业的信心，因为他的态度是那么庄严、诚恳，对自己将要进行的事业保持着绝对肯定的信念。哥伦布最早的传记作家之一拉斯·卡萨斯这样描述哥伦布本人："当他打定主意的时候，他就确信他一定会发现他要发现的东西，找到他要找到的东西，好像他已经把这个东西放在一间上了锁的屋子里一样。"

远航计划原则上被采纳以后，就具体细节，哥伦布还与双王进行了 3 个月的谈判。按照哥伦布本人的要求，佩雷斯神父作为他的代理人，阿拉贡王国的秘书长官胡安·德·科洛马则代表双王。4 月 17 日，双方终于签订了一份文件草案，这就是著名的“圣塔菲协议”。协议一共分五条，每条都写上“使陛下满意，胡安·德·科洛马”的字样，全文则由国王和女王亲笔签字。

这份经双王签署认可的协议，完全接受了哥伦布所提出的条件。4 月 30 日，双王正式签署了“授衔令”，确认了“圣塔菲协议”中答应给予哥伦布的职位和称号。一个细微的变化是，这份文件中，没有直接在哥伦布的名字前冠以“堂”的贵族尊号，这一头衔及其他职位和特权，都将在哥伦布发现陆地和岛屿之后，再行授予。

无论如何，哥伦布赢了，他等待了多年的西航计划终于可以实施了。1492 年 5 月 12 日，哥伦布口袋里揣着双王签署的诏书、护照和给海外君主的介绍信，满怀希望地离开格拉纳达，前往 7 年前他刚到西班牙时首次落脚的帕洛斯港。他准备从那里起航，开始他的发现航程。

第四章
新世界的第一缕曙光

远航的日子到了

1492 年 5 月 22 日，哥伦布抵达帕洛斯。为促成这次远航事业，这座城市中包括佩雷斯在内的诸多神父，都做出过重要的贡献；帕洛斯港上，有现成的帆船队，还有平松兄弟等一大批经验丰富的船长和水手；通过多次聆听哥伦布热情的演讲，不少帕洛斯市民也熟悉了他的远航计划。所以，选择这里作为自己第一次远航的出发点，哥伦布有着充分的理由。

第二天，哥伦布便在圣乔治教堂召集帕洛斯当局和市民开会，请本市公证人当众宣读了双王的诏书。诏书中说，鉴于帕洛斯水手经常在沿海一带进行海盗活动，而控制该港口的西尔瓦斯家族也曾多次冒犯王室，作为惩罚措施，要求帕洛斯当局和市民提供两条装备完善的轻快帆船，并且在接到诏书后10日之内做好一切开航准备，交给哥伦布，由他率领着到他“奉命要去的任何地方去”；在为期一年的使用期内，两只船由当地人负责照管并负担费用。除此之外，哥伦布自己还要另外租用一条船只。

10天过去了，帕洛斯的官员对于双王的命令采取了遵从但绝不执行的态度。于是，哥伦布又从双王那里弄来了另一道命令，针对包括帕洛斯在内的安达卢西亚沿海地区所有当局，要求他们为哥伦布准备三条航船。

同时，为了彻底粉碎帕洛斯当局的抵制态度，哥伦布做出了一个大胆的决定：从在押的罪犯中招募船员！这令他当时寄居的拉拉维达修道院的神父们大为震惊。而在帕洛斯的酒馆和水手住地中，人们对于哥伦布的这一决定大肆嘲弄了一番，其中就包括在当地颇有声望的老船长平松兄弟。结果，后来参加远航的船员中，真正的罪犯只有一个，他叫巴托洛梅·德·托雷斯。此人曾在争斗中误伤人命，被判处死刑。首航途中，他成为优秀的水手。首航归来以后，他的罪行被双王赦免，接着又参加了哥伦布的第二次西航。

实际上，在帕洛斯，马丁·阿隆索·平松是唯一既遵从又执行国王命令的人。早在哥伦布还在宫廷为签订“圣塔菲协议”而上下奔走的时候，平松就已经开始着手准备和组织船队，装备船只，招募人员，并且自掏腰包支付各项开支。他与哥伦布之间可能事先达成了某种协议。此次来到帕洛斯后，哥伦布起初想甩开平松兄弟，自己单干。但后来遭遇的困难出乎他的预料，他不得不重新接受了与平松兄弟的合作。

在即将进行的远航，哥伦布打算个人承担八分之一的费用，以便在将来能够获得八分之一的利润，可是他没有资本。于是，慷慨的平松兄弟预先借给他 50 万马拉维迪铜币。随后，平松兄弟凭着自己在帕洛斯港的崇高威望和广泛的人脉，在当地船员中进行了热情的动员，这使哥伦布避免了用罪犯组织一支远航船队的尴尬命运。在最终组成船队的 90 多人中，除去少部分忠实追随哥伦布的人（比如比阿特丽丝的哥哥和表兄弟）和随行的王室官员之外，大部分领航员、船员和见习水手的参与都应归功于平松兄弟的积极动员。

平松兄弟的真诚合作，让哥伦布终于顺利地

征用到三条帆船。第一条“平塔”号，是几位帕洛斯人共有的一条三桅帆船，平松也是船主之一。它是三条船中速度最快的一条。哥伦布决定让马丁·阿隆索·平松担任这艘船的船长，他的弟弟弗朗西斯科·马丁·平松则在这条船上担任领航员。

第二条“尼尼亚”号，属于当地另一个航海世家尼尼奥家族，在三条船中体形最小，一开始挂的是适合在地中海航行的三角形帆，到加那利群岛后，为跟上整个船队，才改为更适于在大洋上航行的四角形帆。后来的历史证明，恰恰是它成为哥伦布使用最顺手的一条船只。当哥伦布乘坐的指挥船“圣玛利亚”号在伊斯帕尼奥拉岛触礁损毁、“平塔”号首航归来便销声匿迹之后，“尼尼亚”号却多次载着哥伦布穿行于西班牙和西印度群岛之间，成为大发现时代屡建奇功的英雄小船之一。在第一次西航中，马丁·阿隆索的另一位弟弟比森特·亚涅斯·平松担任“尼尼亚”号船长，来自尼尼奥家族的胡安担任领航员。

最后一条船是由哥伦布自己租赁而来。它是船队中最大的一只，所以哥伦布把它作为自己的指挥船，自任船长，船主胡安·德·拉科萨兼任领航员，来自尼尼奥家族的老二佩拉隆索担任这条船的舵手。但是，这条船过于笨重，行动迟缓，哥伦布并不喜欢。后来，这条船遇难破损。哥伦布在 1492 年 12 月 26 日的《航海日志》中写道："这条船很笨重，不宜供开发事业之用，提供这么一条不适用的船只，帕洛斯的人是要负责任的，因为他们没有履行自己向双王做出的承诺，献出八条适合这次远航的船只……"当然，帕洛斯人很可能没有做出过这样的承诺，因为双王只要求他们提供两条轻快帆船；如果曾经做出，那也只是口头承诺罢了。这条船原名叫"加利西亚"（意为"加利西亚女人"）或"马里加兰特"（意为"喜欢男子献殷勤的海上女人"），哥伦布觉得这样的名字不吉利，不符合他远洋航行中的禁欲主义原则，所以亲自把它改名为"圣玛利亚"号，希望能得到圣母玛利亚的庇护。结果，它还是最先搁浅在了首次西航途中。

三条船上都配备了大炮。安装在甲板上的伦巴德炮口径约 9 厘米，可以发射石炮弹；口径约 4.5 厘米的长炮安装在船舷上，从后膛装满五金碎片，发射时攻击面积大，用来击退企图登船的敌人。当作大炮子弹的碎石和铅粒，同时兼用作船只的压舱物。除此之外，船上还配备了弓箭和枪等小型武器。

除去装备船只和配备武器之外，大部分资金还是要用来购买食品、葡萄酒、水，灯具、燃料、炉灶以及药品等必需的基本物资。毕竟，这是一次非同寻常的远航，谁也不知道要持续多长时间，更不知道在路上能不能找到补充给养的地方。在这之前，其他航海家在非洲沿海航行，常常用所带的小物件与当地人交易，换来满船金子。根据他们的经验，哥伦布还精心准备了许多玻璃、眼镜、花花绿绿的圆帽子、针线等文明世界的产品。按照西班牙王室的要求，安达卢西亚地区所有的人，特别是木材商人、木匠、出售船用杂货的商人、面包师、粮食商人和葡萄酒商人，都必须按合理价格供应远航船队所需的一切物资。对于船队需要购买的粮食或其他物资，一概豁免关税或货物税。

一切已准备就绪。在船队花费的所有资金中，王室提供了50万马拉维迪铜币，马丁·阿隆索·平松借给哥伦布50万马拉维迪铜币。而据估算，整个团队一年的花费至少需要200万马拉维迪铜币。但人们认为，其余的费用都是由平松家族直接承担。换句话说，没有他们的支持，没有他们的威望、热情和财富，哥伦布的船队不可能顺利组建完成，更不可能成功起航。

不管怎样，经过在西班牙长达七年，如果加上他在葡萄牙的努力，那就将近八年的等待、坚持和斗争，哥伦布终于敲开了通往胜利征途的大门。远航的日子到了！

陆地终于不再是幻象

1492 年 8 月 2 日，哥伦布登上指挥船“圣玛利亚”号，骄傲地欣赏着装备齐整的船队。第二天，将是船队正式开航的日子。选择这一天是因为，早在这一年 4 月 30 日，在为哥伦布签署“授衔令”及其他诸多文件的同时，西班牙双王也签署了一份灾难性的命令：要求境内的犹太人要么接受基督教的洗礼，要么在 3 个月内限期离开这个国家。而 8 月 2 日正是大限最后的时间。在从格拉纳达到帕洛斯的路上，哥伦布就见到了许多拖家带口、被迫从陆地走向海洋的犹太难民。而他本人，就很可能有犹太血统。当然，与那些宁可被放逐也要坚持自己的宗教信仰的犹太人不同，无论出于真正的信仰，还是为实现远航目标的现实考虑，此时的哥伦布已经是一个基督皈依者。假如这些推断准确无误的话，不知哥伦布是否从族人的逃难中预感到了什么，或者他以自己的方式对西班牙双王颟顸的决定进行了讽刺和嘲弄？其他犹太人离开了，哥伦布还在，看这个犹太人会做出什么让你们震惊的事业来吧！

1492 年 8 月 3 日下半夜，哥伦布在帕洛斯的圣乔治教堂领了圣餐，然后在黎明前夕走上“圣玛利亚”号的甲板，“以耶稣的名义”发出开航的命令。在清凉的晨风吹拂下，三艘帆船依次升起风帆，风帆上的十字架展露在帕洛斯港的上空。水手们一片欢呼，启锚机吱吱嘎嘎地响了起来。正是退潮的时刻，岸上的人们激动地注视三条帆船慢慢消失在萨尔季斯河河面上。驶近萨尔季斯岛时，太阳跳出地平线，三条船的白帆都被朝霞染上了一层玫瑰色。此时，在遥远的西方，那个尚不为人知的美洲大陆，还沉睡在浓重的夜幕之中。上午 8 点，船队终于驶出萨尔季斯岛所在的沙洲地带，进入了真正的海洋。

一进入海洋，哥伦布便如鱼得水。多年来，哥伦布在陆地上遭受的百般嘲笑、怀疑和讽刺都消失在身后了。现在，他是有史以来首支即将横跨大西洋的船队的统帅，至少他自己是这么想的，他手下的船长、领航员和船员也都经验丰富、值得信赖，未知的海洋和世界仿佛已经被他握在手中。

离开陆地之后，哥伦布的计划是，先向西南航行到加那利群岛，再向正西航行到东方印度。此前，葡萄牙人曾多次顶着北大西洋上的飓风航行，结果都徒劳无功；这也意味着，从西班牙直接向西航行是行不通的。而沿非洲西海岸航行到几内亚的经验告诉哥伦布，在他们出航的这个季节，顺着有利的北风，首先航行到加那利群岛，还是很有保证的。加那利群岛位于东北信风带，一过加那利无风区，就会遇上顺风，这非常有助于他向正西一直航行下去。

除了正确的判断之外，哥伦布的运气也非常不错。从西班牙到加那利群岛之间的海面通常波涛汹涌，这段航程一般需要 8 至 10 天；而这一次，这片海域却平静许多，仅仅过了 6 天，船员们就看见了大加那利岛。

航行期间唯一的意外是，8 月 6 日，“平塔”号的船舵转向装置跳槽脱位。船长马丁·阿隆索·平松怀疑是该船船主之一克里斯托瓦尔·金特罗蓄意破坏的，因为他不满自己的船只被征用。哥伦布对此不置可否，但他相信马丁·阿隆索·平松是个足智多谋的人，能够独自处理好这件事情，所以将修船的事交由他全权处理。

第二天，“平塔”号的船舵暂时修好了，船队乘风向加那利群岛中的兰萨罗特岛驶去。但船队在漂流过程中，疏忽了船位推算。8 月 8 日，三条船的领航员对于所在的位置产生了严重的分歧。此时，“平塔”号的船舵又发生了故障，船开始进水。于是，哥伦布根据自己的推算，下令船队就近改向大加那利岛驶去，打算在那里找到一条新船把“平塔”号换掉，或者找个有锻铁设备的地方把船舵修好。

8 月 9 日拂晓，大加那利岛进入了视野。当时船队所在的海域平静无风，帆船纹丝不动，在海面上滞留了两天。8 月 11 日晚上，终于有一阵轻风吹来。为了节省时间，以及增加购买或租赁一条新船的机会，哥伦布让马丁·阿隆索·平松率领“平塔”号就近前往大加那利岛的拉斯帕尔马斯港，他自己则带领“圣玛利亚”号和“尼尼亚”号径直驶往更西边的戈梅拉岛。

8 月 12 日晚间，哥伦布率领的两只船驶抵戈梅拉岛的圣塞瓦斯蒂安港，在那里抛锚停泊。戈梅拉岛，是加那利群岛中最早被征服的岛屿之一，是卡斯蒂利亚国王赐予赫雷拉·佩拉萨家族的世袭领地。1492 年，总督的遗孀堂娜·比阿特丽丝·德·佩拉萨·波巴迪拉夫人，以她未成年儿子监护人的身份统治着该岛。她年轻貌美、精力充沛。哥伦布的船队到达的时候，波巴迪拉夫人不在岛上。哥伦布想一睹她的芳容，同时从她那里租借一条船只，以取代“平塔”号，于是天天盼望着她乘坐帆船到来。

船队停留的圣塞瓦斯蒂安是戈梅拉岛上一处最佳的锚地，岸上森林茂密，一条水质优良的淡水河流经这座小镇，可以把岛上盛产的木材、肉类、面粉和奶酪运到港口。哥伦布便派人到岸上采集木材和淡水，购买粮食。8 月 14 日，哥伦布又派出一名精干的水手驾驶一艘小船前往拉斯帕尔马斯港，告诉马丁·阿隆索船队所在的位置。

哥伦布在戈梅拉岛一连等待了 9 天，始终不见美丽的女岛主归来，他觉得不能再等了，决定前往拉斯帕尔马斯和马丁·阿隆索会和。在途中赶上了自己派出的信使，把他叫回大船上。8 月 25 日，哥伦布到达拉斯帕尔马斯，得知“平塔”

号在海上漂流了大约两个星期，只比他早一天到达那里。哥伦布还听说，5 天以前，波巴迪拉夫人已经回到戈梅拉岛。他决定还是先尽力把“平塔”号修好。

在富有经验的马丁·阿隆索的监督下，当地的铁匠铺很快为“平塔”号换上了新的舵栓、舵枢、螺栓和滑车带。同时，为了使“尼尼亚”号更平稳地跟上船队前进的速度，哥伦布又吩咐把它的三角风帆改成了四角风帆。接着，船队返回戈梅拉岛补充食物和柴火。

9 月 2 日，船队到达圣塞瓦斯蒂安，哥伦布终于见到了美丽的女岛主波巴迪拉夫人。这位比阿特丽丝还不到 30 岁，不但美貌惊人，而且出身于卡斯蒂利亚的名门望族，年轻时曾担任伊莎贝拉女王的贴身侍从，现在又是西班牙一处海外领地的实际统治者。在哥伦布看来，与科尔多瓦那位出身低微的情妇比阿特丽丝相比，这位比阿特丽丝显然更能配得上他自己作为未来海洋统帅和总督的身份。他爱上了她，产生了与她成婚的念头。

不过，这种念头转瞬即逝，并未耽误哥伦布的西航事业。当比阿特丽丝在圣塞瓦斯蒂安古老的石头城堡里款待哥伦布的时候，他并未忘记让船员们加紧补充给养。4 天之内，船员们就把三条船装得满满当当，一桶桶淡水稳稳地放在舱板上，一捆捆柴火塞满了船上每个空闲的角落。哥伦布决定斩断情丝，继续远航。

1492 年 9 月 6 日清晨，在圣母升天节教堂听完最后一声弥撒，哥伦布向比阿特丽丝告别，登船起锚。这也是此次西航中，船队在旧大陆的最后一次起锚。

最初两天，海上风平浪静，一直到 9 月 8 日，船队仍在戈梅拉岛与特内里费岛之间徘徊不前。9 月 9 日清晨，太阳升起的时候，风终于来了，船队驶离加那利群岛，在随后的 24 小时内，顺风顺水地向正西航行了 130 海里。

9 月 9 日入夜时分，身后的陆地完全消失在视野之中，三艘帆船彻底进入了一无所知的茫茫大洋之中。对于这次非同寻常的远航，船员们心里没底，都非常害怕，一些人甚至哭泣起来。在此之前，他们中间许多人都曾不止一次远离陆地航行，但那时他们知道自己走到了什么地方，知道一会儿就会看到海岸，知道不久就会有另一片陆地出现在眼前。但这一次，前方的一切，都是未知数。

哥伦布一方面下令朝着既定的目标向西航行，一方面安慰船员们说，他们一定会找到陆地，找到大量的财富。他表示，船队航行 2100 海里，将在半夜到黎明这段时间停航。好像在暗示船员们，航行到这个距离之后，他们就可以见到陆地了。与此同时，哥伦布暗自决定，隐瞒每天航行的实际距离，削减计算结果以后再对外公布。他觉得，这样如果航程远了，船员们就不会害怕和沮丧。但有趣的是，他实际上高估了船队的航程，他向船员们低报的速度和距离和他伪造的计算结果，却更加接近实际。

9 月 11 日，船队进入北大西洋海域不久，发现了一根漂浮的沉船桅杆，船员们又产生了恐惧的情绪。哥伦布竭力说服他们，说离陆地不远了。

9 月 14 日，几只热带海鸟从头顶飞过，海员们稍稍安心下来。他们凭经验认为，这种被称为“水手鸟”的鸟类从不在距离陆地 75 海里以外的地方出现。而实际上，当时离船队最近的陆地是亚速尔群岛中的圣玛利亚岛，距离为 570 海里。

就在头一天，哥伦布发现了一个奇怪的现象：罗盘磁针与北极星所指的北方产生了偏差，当晚罗盘指针偏向西北，第二天早晨又有些偏向东北。船上的舵手也注意到了这种情况，但谁也不知道原因。大家觉得，罗盘失灵是一种凶兆，他们可能再也找不到回家的路了。之后接连几天，磁针偏差现象继续存在，而且幅度越来越大。船员们沉不住气了，有人说："一定是魔女把磁针拉住了。"有的干脆说："趁早回航吧，辨不清方向，万一触礁，就全完了。"

哥伦布一边安抚船员，一边冥思苦想。9月17日，他终于想到了解释的办法，他说罗盘磁针总是固定地指着地球北边的某个点，而不是专门指向北极星；之所以发生偏差，是因为北极星发生了移动，而并非罗盘磁针失灵。这一解释，有效安抚了船员的情绪。第二天一早，哥伦布命令继续前行，发现罗盘又"恢复正常"了。

经过这次恐慌，哥伦布第一次发现了地球上的磁差现象，并被以后的科学研究所证实。科学研究表明，地球南北两极的位置和北极星的方位，与地球磁场南北磁极的位置并不重合；而罗盘磁针是指向磁极的，磁针所指方向也并不与北极星方位重合。

9月16日，船队越过西经33度，哥伦布和船员们首次看到了马尾藻。“众多簇生颜色碧绿的水生植物，骤然一看，似乎是从陆地上扯来扔在水中的。”据此，船员们判断船队已经接近某一岛屿，哥伦布却不这么认为，他觉得离陆地还远着呢。第二天，他们看到的马尾藻更多，并在里面发现了一只活螃蟹，像拇指那样大。他们正进入北大西洋一个极大的椭圆形海区——马尾藻海。此前，几乎所有船员都没有见过这种碧绿的水生植物。此前，哥伦布的朋友、葡萄牙航海家佩德罗·德·贝拉斯科早就告诫过他，并建议他遇到这种水生植物时保持直行。

船队在马尾藻海中越走越深。9 月 21 日至 22 日，进入了一片黄色和绿色的海中草原，肉眼所及的整个海面上都覆满了马尾藻。海藻缠住船身，航行速度减缓。船员们再次惊恐起来，他们生怕自己被“冻结”在这片海域中。哥伦布也犹豫起来，但看着船员们不安定的情绪，他只好一边默不作声，一边硬着头皮前行。幸好，这时风势加强，船队终于挣脱了这片布满海藻的海面。实际上，马尾藻对于船只航行并无妨碍，这种浮游的多年生植物虽然能在海面形成大片连续不断的草垫，但其厚度绝对不会超过 15 厘米，船头很容易把它分开并顺利穿过。

有惊无险地穿过马尾藻海后，船队又进入或快或慢的平稳航行中，没有汹涌的波涛，没有恶劣的天气。但是，离开西班牙一个多月了，仍然没有任何陆地的迹象，船上的生活又如此单调乏味。对于哥伦布的谎言和鼓励，船员们受够了。9 月 23 日，“大海死一般静，一点风也没有，人们惊恐万分”。不满的情绪在渐渐酝酿。

9 月 25 日日落时分，为了与哥伦布讨论一张海图上某个传说中的岛屿的位置，马丁·阿隆索将“平塔”号驶近“圣玛利亚”号，与它并排前行。马丁·阿隆索用一根绳子把海图送到指挥船上，哥伦布和他的领航员以及船员，一道开始在图上标绘船队所处的位置。正在这时，马丁·阿隆索突然奔到“平塔”号的船尾甲板上，高兴地大叫：“陆地！陆地！先生！”

听到喊声，三艘船上的船员们纷纷爬上桅杆和缆绳，都声称自己看到了陆地，位置就在船队西南方大约 75 海里的地方。哥伦布激动万分，双膝跪地，感谢上帝。全体船员唱起了《光荣归于至尊的上帝》。于是，船队改向西南方向行驶。

航行了整整一夜，到第二天天亮时，并没有

见到陆地。船队又沿着同一方向继续航行到当天下午，还是没有任何发现。哥伦布断定，那个被认为是陆地的地方其实只是一种幻觉，是黄昏时分地平线上的一块云团。

希望有多大，失望就有多大；欺骗有多深，愤怒就有多深。这次发现陆地的希望化为泡影之后，在指挥船“圣玛利亚”号上，全体船员极度忧伤。不过，这样的幻象对于哥伦布影响却不大。此时，他推算出他们已经航行过的距离只有1600海里，不过是他此前计算的去往“印度”整个航程的三分之二多一点（他曾预言，陆地在加那利群岛以西2250海里地方），而他多次声明过，他们此次航海的主要目的就是前往印度，所以他不愿意为寻找这些额外的岛屿而耽搁时间。于是，他下令继续向西航行。风一直从船尾刮来，但不大，航行速度很慢，从9月26日到10月1日之间的6天时间中，船队只前进了382海里。在这样的航程中，船员们偶尔清洁一下船只，维护一下船具，钓钓鱼，看看鸟，除此之外，几乎无事可干。于是，有些船员开始聚集在一起嘀嘀咕咕，他们觉得那个热那亚人，那个疯子一样的幻想家，正在把他们引向死亡；只要摆脱那个外国人，他们就可以立即返航回到西班牙了。

从船员们愠怒的脸色、斜眼看人的凶恶神态中，哥伦布大概也感觉到了什么。当有船员大胆地向他提出抗议，说他们应该返回西班牙时，哥伦布说，他们可以杀死他，但这样做对所有的人都没有好处，一旦他们回去时看不到他，双王会把他们全都吊死；另一方面，他又和声细语地许下老生常态的诺言，一旦航行成功，他们都将获得巨额财富，王室也会给他们丰富的赏赐。

随后，哥伦布把正在酝酿的叛乱阴谋告诉了马丁·阿隆索。这位“平塔”号船长大声说道：“先生，您绞死他们几个，或者扔几个到大海里。如果您不敢，我和我的弟弟们把船靠过去，我们来干。船队是带着最高君主们的命令离开西班牙的，没有好消息带回去是不行的。”哥伦布回答说：“马丁·阿隆索，我们还是和这些先生们好好相处吧，再走几天，如果还找不到陆地，我们再另作计议。”马丁·阿隆索的钢铁手腕和哥伦布的丝绒手套刚柔并用，产生了奇迹：骚乱被控制住了。

10 月的第一个星期，船队航行速度加快，这大概也是因为哥伦布想在船员真正闹事之前尽快找到陆地。从 10 月 2 日到 10 月 6 日的 5 天中，平均每天航行 142 海里，最快的一天甚至航行了 182 海里。“10 月 2 日，一只白色的海鸥飞到船队附近；10 月 3 日，看到了角嘴海雀和大量海草；10 月 4 日，天上飞过的海鸟更多，包括一群角嘴海雀、两只鹈鹕、一只舰鸟和一只海鸥；10 月 5 日，又遇见了角嘴海雀，还有一些飞鱼。”哥伦布航海日志中的这些记述，意味着他曾多次认为他们接近了某些岛屿，但他仍然坚持说，他的目的是去印度，为了那些所谓的岛屿而耽误时间，“没有多大意义”。

10 月 6 日，马丁·阿隆索向哥伦布建议改变航向，从向西改为向鸟群飞去的西南方向航行，他说这是为了去寻找西潘戈岛（当时欧洲人对日本岛的称呼）。而哥伦布却认为，他们应该先找到大陆，然后再找岛屿。他固执己见，坚持向正西航行。

10 月 7 日凌晨，前方似乎又一次出现了陆地。此前哥伦布曾向船员们表示，谁最先发现陆地，就将获得王室许诺的 10000 马拉维迪铜币年薪；但经历过前一次的陆地幻象以后，他又补充命令道，谁在又看到陆地幻象时瞎喊叫，哪怕他

以后真正发现了陆地，也要取消他获得奖赏的资格。所以，此次走在最前头的“尼尼亚”号上的船员们，首先在前桅杆上升起一面旗子并鸣炮示意。这表示，他们发现了“陆地”。“圣玛利亚”号的船员也早看到了这个“陆地”，但谨慎起见，他们都没敢叫喊出来。当然，这次所谓的“陆地”也不过是一个幻景。

当天到日落时分，船队又航行了67海里。一次又一次幻象使哥伦布对自己也产生了怀疑：他们是不是已经错过了西潘戈，把它丢在了南面更远的地方？也许马丁·阿隆索的建议是对的呢？这时，大批的鸟儿正飞过船队上空，向西南方向飞去。哥伦布想起，葡萄牙人正是根据归巢的鸟儿飞行的方向，才发现了远离大陆的亚速尔群岛。于是，他决定改变航向，跟着这些长羽毛的领航员向西南方向航行。后来的事实证明，哥伦布的这一决定是正确的，因为这些北美洲的鸟儿正在做秋季迁徙，取道百慕大成群飞往西印度群岛；而如果再继续坚持向正西航行，船队就很有可能陷入强大的墨西哥湾流，最终在佛罗里达海岸触礁或者搁浅。

“整个晚上，人们都在倾听着鸟儿从头上飞

过。”10 月 9 日，哥伦布在航海日志中写下了这样的句子。的确，人们太渴望见到真正的陆地了。尽管有这样鼓舞人心的迹象，10 月 10 日，哥伦布和他的指挥船上的船员们还是发生了激烈的争执。船员们再次纷纷抱怨航行的时间太长，而且他们已经航行得够远了，所以，船队应该而且必须立刻返航。哥伦布尽力安慰他们，重新向他们指出将来可能得到的种种好处；他又补充说，他们再埋怨也没有用处，因为依靠上帝的帮助，他已经踏上了前往印度的路程，不达目的决不罢休。随后，他还向船员们保证，如果在接下来的两三天内还看不见陆地的话，他们可以把他扔下海去，然后返航；而且，此时的海面上，正刮着强劲的东信风，盲目返航必定寸步难行，所以最好继续前进，等风向变化时，再考虑返航的事情。这次反抗又被平息了。

10 月 11 日，星期四。一整天，信风猛烈地刮着，海浪比这次航行中的任何时候都要大。从日出到日落，船队航行了 78 海里。陆地的迹象出现得越来越多、越来越频繁，每个船员都长舒了一口气，变得高兴起来。“尼尼亚”号船员从海中捞到一根带有一朵小花的嫩树枝。“平塔”号船员收集到的更多：一根甘蔗、一根枯树枝、一根似乎用刀砍过的小木棒、一块小木板，还有一棵只有在陆地上才能见到的青草。这些发现，终于终止了船员们的抱怨。高兴之余，哥伦布决定，对于第一个见到陆地的人，除去王室给予的10000马拉维迪铜币年薪之外，他自己也将给那人一件丝绒坎肩作为额外奖赏。每个人心里都清楚，他们首次横渡大西洋的壮举即将成功了。

对哥伦布和他的船员们来说，这一定是个不眠之夜。三条帆船继续前行，大海上一片宁静。哥伦布登上船楼，一言不发地向前方瞭望着。上半夜，月亮出来之前一小时，哥伦布突然发现远处出现一道亮光。是陆地上的亮光吗？他不敢确定。于是，他把随行的宫廷糖果点心师佩德罗·古铁雷斯叫来。古铁雷斯朝哥伦布所指的方向看去，他认为自己也看到了亮光。哥伦布又叫来船上的武装监察员罗德里戈·桑切斯，桑切斯却令人泄气地表示他什么也没有看到。“不！不！是桑切斯站的位置不对，而且那个亮光像一支忽明忽暗的小蜡烛，我自己也只看到了一两次。”哥伦布心想。

但实际上，这不过是又一次短暂的幻觉。时

间继续流逝，海水顺着帆船的船体继续向后流淌。10 月 12 日深夜两点钟，在月光的照耀之下，三条帆船加速前进，“平塔”号处于领先位置。哥伦布呆呆地想着那束骗人的光亮，一会儿懊恼一会儿又充满了幻想。这时，一声猛烈的炮声突然从“平塔”号上传来。哥伦布立刻惊醒过来。他抬眼望去，发现自己的船头上已经挤满了船员，人声嘈杂；而“平塔”号已经竖起一面旗子。很快就有人报告说，“平塔”号前甲板上的瞭望员罗德里戈·德·特里亚纳发现了陆地！那是西边地平线上露出的一个白色悬崖似的东西，接着又是一个，而连接它们的竟是一条陆地的黑线。“陆地！陆地！”当罗德里戈兴奋地这样喊叫出来时，他激动的心脏都快要从嗓子里跳出来了。

然而，当“圣玛利亚”号靠近过来的时候，只听哥伦布对“平塔”号船长叫到：“马丁·阿隆索先生，你已发现了陆地！”平松回答：“先生，我的奖赏靠得住了吧？”哥伦布说：“我给你 5000 马拉维迪铜币作为奖赏！”显然，出于某种虚荣心，而不只是对金钱的渴望。自从头天晚上自己发现了那个虚幻的亮光后，哥伦布已经暗自

决定把第一个发现陆地的荣誉和王室答应的奖金留给自己，至于他答应给马丁·阿隆索的5000马拉维迪铜币，不过是为了控制局面而给出的安慰奖。这并不奇怪，哥伦布的伟大并不意味着他就没有任何性格、脾性或人品上的瑕疵。何况，历史到底是公平的，可怜的罗德里戈除了没有得到那10000马拉维迪铜币的年薪之外，人们早已承认了他在这次西航中首次看到陆地的事实。

两个世界的最初相遇

现在，船队距离他们发现的第一片陆地只有两三个小时航程了，估算的距离大约为6海里。哥伦布命令只挂上不带附帆的主帆，把其余所有的风帆都降下来，这样三艘船就不会笔直地朝陆地撞去并因而触礁，而是斜向陆地、时而近岸时而离岸地缓慢行驶，与海岸始终保持着安全的距离。天亮以后，船队驶过陆地南岸，然后折而向北，绕过一个露出海面的礁石，进入一个名叫长湾的浅湾。海湾曲折的珊瑚沙滩后面，有片水深约9米多的防风锚地。哥伦布决定在这里停船登陆。

他们在西半球所发现的这第一片陆地，是巴

哈马群岛中的一个岛屿，当地人称为瓜纳哈尼，意思是“鬣蜥”。为了感谢上帝的指引和恩惠，哥伦布把它命名为圣萨尔瓦多，意思是“救世主耶稣基督的荣耀”。至于圣萨尔瓦多到底是现在巴哈马群岛中的哪座岛屿，至今仍然没有定论，不过大多人倾向于认为它就是现在的华特林岛。这是座珊瑚岛，长 13 英里，宽 6 英里，周围布满危险的暗礁，只有西海岸有块空地，那正是哥伦布停船靠岸的地方。

船队驶进长湾的时候，船员们看到了岸上的裸体人。哥伦布在船员的簇拥下乘坐插着西班牙王室旗标的武装小船登陆，“平塔”号船长马丁·阿隆索和他的弟弟、“尼尼亚”号船长比森特·亚涅斯也乘着各自的小船上岸。小船上都插有船队的队旗，上面绘有一个绿色的十字架。十字架一边标着字母 F，代表西班牙国王费迪南德；另一边标着字母 Y，代表西班牙女王伊莎贝拉。两个字母上方分别画着国王和女王的王冠。所有登岸的船员跪在地上，五体投地，感谢上帝的无限恩德，并激动地流下了欢喜的泪水。

站起身后，哥伦布把所有登岸的人召集到跟前，要他们作为见证人，并当着许多聚拢过来的土著人的面，以西班牙双王的名义宣布占领该岛，并把这一切详细记录在证书之中。接着，船员们向哥伦布大声欢呼，拥立他为统帅和总督，并宣誓服从他作为双王的代表所发出的命令。

这是一次原本互不相干的两批人的相遇：大海带来了一群白人，新大陆则贡献出了一群黄褐色的人。他们素不相识，语言不通。白人所举行的占领仪式，在土著人看来好像是一种很难理解的巫术。比如，一个人拿着用羽毛制成的箭头，不断地从挂在腰间的牛角杯里蘸出黑色的汁液，然后在一些树叶一样的薄片上划来划去，这到底是什么法术？对于这些白人来说，这样的仪式看起来又特别重要：那几页纸写满之后，那些白人中的头领便一个个坐下来，拿起那管羽毛笔，蘸着墨水，依次在最后一页签上了自己的名字。

占领仪式结束以后，船员们纷纷拿出花花绿绿的帽子、玻璃串珠和声音悦耳的铜铃铛，友好地交到围观的土著人手中。对于船员们来说，这都是些价值不大的小玩意儿，但土著人却把它们看得无比神奇和贵重。同样，在土著人看来稀松平常的东西，比如鹦鹉、棉线和一些土著人鼻子上挂着的黄金饰品，白人却表示出强烈的好奇心，紧盯着看来看去——这让土著人觉得十分好笑。但不管如何，双方通过手势交谈，交换了大量物品。

在土著人眼中，这些不速之客神秘而又怪异。他们面色苍白，毛发像动物长得那么密；有些人头上一根毛也没有，下巴上却长满了胡子；还有些人的头发像大海的波涛一样卷曲，颜色也不都是黑色的，有棕色、有红色、有白色，还有金黄色的。更加不可思议的是，这些来客身上都裹着笨重的衣服，有的像兽皮甚至龟甲那样厚。“他们都是长尾巴的人，所以要穿衣服。”一个年轻土著人的俏皮话在他们自己人中间引起一阵哄笑。

对于哥伦布和他的船员们来说，这些土著人也是一个他们此前从未见过的种族。无论男女，都赤身裸体。年轻的男子体格强壮、身材健美、脸孔漂亮，头发又粗又短，像马鬃一样；他们或者全身，或者在身体的某些部位，比如脸、眼睛、鼻子等周围，涂上这样或那样的颜色，看上去花花绿绿。这些人根本没有像样的武器，也没有铁器。仅有的是手里拿着的投枪，那是用木棒制成，木棒末端装上尖利的鱼牙。这种投枪的主要用途并非对付敌人，而是捕鱼。

土著人对于武器的无知，甚至达到了让人震惊的程度。他们注意到，来客们的左腿上都挂着一个筒状的东西，里面插着一根小棍，扁扁平平，闪闪发光，看上去比磨好的鱼骨头还要光滑明亮。这是什么东西？又是干什么用的？一位土著人好奇地指了指，某个船员便抽出自己的小棍，微笑着递给他。土著人伸手就抓，但又立刻大叫一声，把小棍扔到了地上。可是晚了，他已经满手是血。他迅速叫喊着跑回自己人中间：当心！这些人很危险，他们手里的魔杖会让人流血，可能还会要了人的命！

无法弥补的伤害发生了。土著人对这些神秘来客开始充满了畏惧和警惕，虽然这个时候他们还无法预料，不久的将来，正是这种小棍，甚至更厉害的武器，真的要了他们许多同胞的性命。不过，至少在这个时刻，那位把自己的刀拿给土著人看的船员，并没有什么恶意。幸好，这场让他觉得无辜的误会，暂时还没有引起大的乱子。

总的来看，哥伦布觉得这个岛上的土著人单纯、友好、善良、慷慨。最关键的是，这是些还未开化的人，还没有像样的宗教信仰。所以，他相信自己有把握让他们成为优秀的仆人和熟练工人，并把他们变成基督教徒。

可是，这个岛屿到底是哪里呢？这里显然不是西潘戈（日本）。因为，根据《马可·波罗游记》的记载，日本是个有黄金屋顶的国家，而这个岛上连个像样的房子都没有。有些船员以为，这里就是神话中的安第利亚岛，相传日本附近就有个这样的神秘岛屿。但是，哥伦布经过反复观察和计算，认为这里肯定不是安第利亚，因为它离欧洲太远了。哥伦布坚信，这里一定是印度的一部分。后来，地理学家干脆把包括巴哈马群岛在内的这一地区称为西印度群岛。而哥伦布自己，在登岛之后的第 6 天，即 10 月 17 日，已经把他们看到的那些土著人叫作“印第安人”了。这些人乘坐一种像长艇一样的独木舟，是用一整棵树干凿成，大的可以容纳 40 到 45 人，最小的只能坐一个人。

哥伦布在巴哈马群岛见到的这些印第安人，包括他在首次西航中见到的所有印第安人，都属于讲阿拉瓦克语的泰诺族。他们的祖先先是从南美洲大陆移居到安的列斯群岛，然后再从海地发源，扩散到古巴、牙买加和巴哈马群岛等地。这

些泰诺人种植谷类、薯类和其他块茎作物，制作木薯面包；他们已经学会纺纱织布，但很少穿衣服；他们常制作雕刻有人头形状的棕色陶器，用贝壳做成各种装饰品和日常用具；住的是用木料作屋架、用棕榈叶盖顶的棚屋。但在另一方面，他们又的确处于很原始的阶段，甚至常常对付不了从加勒比各岛前来袭击的加勒比人，更不要说装备着大炮、滑膛枪和刀弓的西班牙人了。欧洲人到来之前，在他们的观念中，世界上还没有那么多贪婪、残暴、奴役和掠夺。

哥伦布和他的船员们会对这些温顺、友好而又大方的土著人仁慈一些吗？至少，哥伦布是这样要求船员的。可是，在 10 月 14 日的《航海日志》中，他也自信地写下了这样的句子：“用 50 个人就可以全部征服他们，并驱使他们做一个人想要做的一切事情。”

10 月 13 日，哥伦布的船队整天停泊在长湾。船员们乘坐小划船轮流上岸，走进当地人的棚屋，与他们私下做点儿交易。哥伦布则忙于搜集分析从各个方面得来的情报。在他看来，这里的人如此原始落后，显然和素以文明著称于世界的中国和日本迥然不同。当天晚上，他决定不再浪费时间，而应抓紧时间继续航行前往日本；不过，在此之前，还要先把圣萨尔瓦多岛探察清楚。

10 月 14 日一早，哥伦布带着所有的小船探察岛屿的其他部分，先向北方然后向东方划去。这天上午，船队到达该岛的东北角。站在船上，他们看到了两三个村落。所有的村民都欢呼着向海滩涌来，有的还带来了淡水或食物，也有的泅水游到船边，问他们是不是从天上来的。一位老人干脆登上小船，其他的人则冲着岸上大声喊叫："快来看看从天堂来的客人，把吃的喝的给他们拿来。"于是，又来了许多人，每人都带着些物品。他们仰卧在地，手指天空，感谢上苍，接着大声招呼船员们上岸。但是，哥伦布发现这个岛屿周围布满了礁石，没敢靠岸。哥伦布对周边的地形进行了详细的考察，发现了一个港湾，容量大得惊人，入口却非常狭窄；小岛近岸一带有几片树林，郁郁葱葱，枝叶繁茂，岛上淡水资源也非常丰富。他觉得，这里很适合建立港口。后来，人们果然在这里建成了闻名世界的格拉厄姆斯港。由此向东两海里，有一个从圣萨尔瓦多向北伸出来的岩石半岛，哥伦布认为非常适合建立要塞作为据点。后人大概也接受了他的这一看法，因为 1891 年有人在这里发现了一尊废弃的铁炮。

察看过这个港湾后，哥伦布便回到大船停泊的长湾。中午刚过，船队升起风帆，重新起航，前去寻找西潘戈（日本）。这样，哥伦布和他的船员们在西航 33 天后发现的第一座岛屿上的活动便结束了。这里的每一个人、每一棵树甚至每一株植物，对他们而言都是陌生的，此前甚至从来不曾想到过。而自从他们到来以后，这个新世界对于任何人来说，都不再可能是新奇的了。

离开圣萨尔瓦多的时候，哥伦布命令手下人从岛上带走了 6 名土人作为向导。沿途的岛屿多得无法数清，向导不断用手势描画着那些岛屿的名字。到底该往哪里去呢？日本真的就在前方的某个地方吗？还在圣萨尔瓦多的时候，当地人就曾比画着说，附近某些岛上出产黄金。好吧！就算找不到日本，到不了中国，黄金总是要带回的，因为这既是西班牙双王和那些投入资金支持远航的人们最渴望得到的回报，也是重建十字军解放耶路撒冷最重要的资金来源。但是，出产黄金的岛屿又在哪里呢？印第安向导把手臂从西方向南方绕了一个大大的弧线，而在这个范围之内，被他们叫出名字的岛屿就有 100 多座！没有办法，哥伦布只好从这个弧圈中选取一个折中方向，向西南方向航行。

离开圣萨尔瓦多大约 15 海里的时候，哥伦布发现了似乎排成一列的 6 座岛屿，与其他岛屿隔着一段明显的距离。这几座岛都很平坦，形状也很漂亮。他决定向其中最大的一个驶去。靠近这些岛屿时，他才发现，所谓的 6 座“岛屿”，原来不过是同一个岛屿的 6 个山丘。天黑前，船队已经无法达到，只好暂时在附近海面上抛锚停泊。

10 月 15 日是个天气晴朗的好日子。天刚黎明，哥伦布就聚拢船队，向那个岛屿前进，中午时分到达，停靠在一处海岬附近。按照他信奉的圣母玛利亚怀胎圣灵之说，哥伦布把发现的这第二个岛屿命名为圣玛利亚·德拉·康塞普西翁岛。快要日落的时候，哥伦布仍然停留在那个海岬附近，期望能找到黄金，因为俘虏来的印第安向导说，这个岛上的居民都带着硕大的金臂环和金脚环。

第二天早上，哥伦布乘着小船上岸，很快查明岛上土著人数众多，全都赤身裸体，从各个方面来看都与圣萨尔瓦多岛上的土人非常相似。岛上居民带领哥伦布等人走遍了全岛，而且他们要什么东西，都爽快答应。只是，金臂环和金脚环都没有见到。显然，是向导撒了谎，他们希望哥伦布在此停靠，不过是为了借机逃跑。头天晚上，就已经有一人偷偷泅水上岸。这天，哥伦布上岸的时候，又有一名年轻俘虏跳到一艘从康塞普西翁岛划来的独木舟上，迅速逃离。等西班牙人追到岸上的时候，那个年轻的俘虏已经和独木舟划手一起逃之夭夭了。这时，另一艘独木舟从岛屿的另一个方向划到“尼尼亚”号旁边，上面只有一个土著人，想向“尼尼亚”号的船员们兜售棉纱。船员们把他抓起来，想用他代替逃掉的那两个圣萨尔瓦多人。哥伦布见到这一情况后，命令把他送到“圣玛利亚”号上来。哥伦布亲自送给他一顶帽子、一些玻璃珠和一只铜铃，便把他放回了岸上。在解释这样做的原因时，哥伦布写道：“为了让他们尊重我们，使陛下在下一次再派人来这里时，他们不至于与我们为敌，所以我就这样优待他们。”

忙活了一个早晨，除去获得一些廉价的赠品之外，哥伦布在康塞普西翁岛上没有发现任何黄金的影子，便回到了船上。对于这一点，剩下的几个印第安向导并不觉得有愧，现在他们又兴高采烈地向哥伦布保证，在西方可以看到的那个岛上，有许多黄金，人们把黄金制成镯子戴在手臂上、腿上、耳朵上、鼻子上以及脖子上。于是，这天上午，哥伦布命令船队起锚，向西航行。航行途中，“圣玛利亚”号抓到了一名驾独木舟的土著人，他带了一些干枯的叶子；而在圣萨尔瓦多时，当地人也曾把这种叶子当作珍贵的礼品送给哥伦布。现在，我们可以肯定，这些叶子就是烟叶。

船队马上要抵达的那个岛屿，就是今天的长岛。这是一个名副其实的称呼，因为这座岛屿长约 60 英里，宽却不过 4 英里。哥伦布比照西班牙国王的名字，给它取名为费尔南迪纳岛。海上整日风平浪静，船队未能在天黑之前到达，于是当晚在靠近海岸的一处海面上停泊，同时派人泅水上岸。长岛上的土著人看到后，纷纷传诵起这些“天堂来客”的消息。接着，就有一支独木舟组成的船队带着淡水和其他一些物品来到船队停泊的地方。哥伦布赠送给他们一些珠子、铜手鼓之类的物品，还有一些糖浆。

10 月 17 日上午，哥伦布派人上岸寻找淡水。

土著人把他们带到井边，主动帮他们把水桶装满并送到小船上。当天中午，哥伦布率领团队离开停泊的地方，从西北方向开始，进行绕岛航行。这段时间里，哥伦布认真观察了这座岛屿的情况，发现这是一座绿色的岛屿，地势平坦，土壤肥沃。在海岸边一块田地里，他还首次见到了玉米。岛上树木茂密，有种“特殊的树”，一根主干上竟然会长出许多种不同的枝条，“一根枝条上长的叶子像甘蔗，另一根却像乳香树”，有时一棵树的枝条竟然多达五六种。

这里的鱼也非常奇特，有的外形很像公鸡，色彩斑斓，有的身上长有各式各样的图案。至于陆地上，除了鸟以外，没有野生的山羊、绵羊或者其他任何野生动物。不过，上岸寻找淡水的人回来报告说，他们在某个村子里见到了土著人饲养的一种狗。

村里的房子都建得很高，像帐篷一样，并且装有烟囱，坚固而又实用。室内打扫得很干净，安放着像网兜一样的吊床，这又是西班牙人第一次见到的东西。有人还在岛上见到一个鼻子上镶着金饰的男子，金饰上似乎还刻着字，形状很像西班牙当时使用的一种金币。哥伦布本想让人不惜代价把那块金饰换回来，但船员说那个男子不愿意放弃金饰，而他们也不好武力夺取。哥伦布只好作罢。

10 月 17 日，哥伦布率领船队抵达长岛西北角，又折向东南，沿着长岛东岸时近时远地缓慢航行。10 月 18 日，到达长岛东南角。这几天，天空沉闷压抑，“几乎每天都下着或大或小的雨”——这是有关新大陆的第一次有记录的气象报告。多雨季节已经来临。

10 月 19 日黎明，哥伦布命令船队起锚，前去寻找长岛东南方、被印第安向导称为绍梅特岛的一座岛屿，哥伦布用西班牙女王的名字把它命名为伊莎贝拉岛。为了不至于错失目标，他让三只船排成扇形前进：“平塔”号在左，“尼尼亚”在右，“圣玛利亚”号居中；各条船在各自的航向上前进，除非较早找到陆地，否则要等到中午才能向中间聚拢，与指挥船会合；这期间如果有什么发现，则放炮为号，互通消息。

中午之前，“平塔”号与“圣玛利亚”号在一个名叫伯德礁的小岛外会合。再向前不远，便是伊莎贝拉岛，它现在的名字是克鲁克德岛，附近的克鲁克德海峡至今仍是西印度群岛地区最繁忙的航道之一。为了等待航行距离最远的“尼尼亚”号赶上，船队在那里停泊了很久。当天晚些时候，船队到达伊莎贝拉岛，沿着海岸向南航行。10 月 21 日上午，又回到伊莎贝拉岛西北角（哥伦布命名为伊斯莱特角）的波特兰港，并在那里停泊下来。

在这里，哥伦布和他的船长们离船上岸，游览了好一阵子。哥伦布认为这是他所见过的最美丽的地方，草木青翠，如同西班牙安达卢西亚地区的春天；但那些不知名字的花草树木与他在西班牙看到的如此不同，他相信将来可以把它们运回西班牙做成染料或者美酒。空中到处有小鸟的歌唱，这些鸟儿也与西班牙的大不相同。成群的鹦鹉在空中盘旋，遮蔽了明媚的阳光。远处的树木种类繁多，各种水果挂满了枝头。

在这一带，他们只看到一个村庄。不过，村里的土著人几乎全跑光了，只有一位胆子稍大的朝他们走过来。哥伦布命人给了他一些珠子和铜铃，那人便把可以取淡水的地方告诉了他们。

一天的工作完成以后，哥伦布在日志中写下了第二天要做的事情：“我打算从这里出航，绕着岛到各地走走，我想找岛上的首领谈话，看从他那里是否能得到他拥有的黄金。随后我将动身去另一个更大的岛屿，据我带来的印第安人描述，我想那里一定是日本。他们称该岛为科尔巴，并说岛上的船只很大、水手很多。从这个过去，还有一个岛，他们叫它博希奥。据他们说，那个岛也很大……鉴于我将采集到黄金或香料，所以我得决定我必须做些什么事情。但无论如何，我一定要到大陆上去，一定要去行在（指《马可·波罗游记》中写到的中国杭州），一定要将双王陛下的国书献给大汗，在求得回书后，再带它回国。”

哥伦布显然不知道，他从《马可·波罗游记》中获得的关于中国的消息早已过时。中国的明朝当时已开国100多年，郑和最后一次下西洋结束（1433年）都快60年了，中国也早已没有了什么“大汗”。至于日本，他也从未得到过比《马可·波罗游记》提供的更多的消息。不过，虽然有种种误解，中国和日本却一直是哥伦布坚持西航的强大动力之一，直到他带着满腹遗憾悲伤而落寞地去世。

哥伦布和他的船员们西航的另一个强大动力是黄金和财富。这一点，连他抓来的那几位印第安向导都越来越清楚了。他们决定把这些人引到科尔巴（即古巴），从科尔巴再前往博希奥（即海地），而博希奥那里确实有黄金，很多很多的黄金。至于哥伦布把科尔巴误解成日本，那就不是他们所能理解的事了。

10 月 22 日，船队继续停靠在波特兰港，期待岛上的首领或者其他人能带来黄金或其他有价值的东西。的确有一群土著人淌水而来，拿着金臂环来换一个铜铃或者一把珠子。但是，交换来的黄金非常少，简直可以说“根本就没发生过这种交易”。在这里，“平塔”号船长马丁·阿隆索杀死了一条大鬣蜥。船员们还在哥伦布的指点下，砍下了许多毫无用处的龙舌兰——哥伦布误把它认作了芦荟。

10 月 23 日，哥伦布准备起航向古巴进发了。海上一整天风平浪静，还下着雨，直到半夜才刮起一股微风。10 月 24 日天亮之前，哥伦布率领船队再次渡过克鲁克德海峡，向西南方向驶去。接下来的两天，风力微弱，船队航行缓慢，直到 10 月 26 日下午，才在大巴哈马海滩东端一列珊瑚礁（哥伦布命名为“多沙群岛”）最南端停靠下来。他们停泊的地方，沙滩平缓地伸入海中，后人把这里叫作“哥伦布浅滩”。第二天，船队接着前行。这是印第安人前往古巴的一条古老的独木舟航道，沿途要经过一座又一座珊瑚礁。从地形来看，这并不是驾驶帆船前往古巴的最佳途径，但却是那几位印第安向导当时所知道的最短甚至是唯一的航道。

10 月 27 日傍晚，当落日的余晖映照出耸立的群山时，哥伦布终于看到一个大岛出现在天际。第二天，驶近这个大岛，然后在某个河口处的港湾内停泊下来，哥伦布立即以西班牙国王的名义宣布占领该岛，并以西班牙王子堂·胡安的名字，把它命名为胡安纳岛。不过，这个名字并没有流传下来，反而是其古老的阿拉瓦克语名字“古巴”一直沿用至今。

哥伦布瞬间被岛上美丽迷人的热带风光吸引住了：“阳光把这片景象染上了一层金色，对它作一番描写，我是无能为力的。陡峭的山峦使我想起西西里岛，幽深的山谷，野花烂漫的草原，浓绿的森林，抖颤着斑斓翅鞘的昆虫，鸟儿彩色的羽毛熠熠闪光。一条宽阔的河流引我去探察这个小岛，河流两岸矗立着郁郁葱葱的大树，丰硕的果实结满枝头……这是我迄今为止所见到的岛屿中最美丽动人的岛屿……”

但是，这里是日本吗？河岸上并没有耸立着金碧辉煌的城市，没有站在大理石上、穿着金丝织成的锦缎前来迎接的日本绅士，没有坐着轿子行走于石桥上的老爷太太，没有钟声悠扬的庙宇，没有嘟嘟鸣响的银喇叭，没有铸有龙口形状的青铜大炮……是啊！这里不是日本，否则，马可·波罗就是个彻头彻尾的说谎者！但这里是哪里呢？难道自己已经到了中国的边缘？再往里走，就能到达京师（指北京）和行在（指杭州）了吧？

10月29日，哥伦布命令起锚，沿着海岸向西航行，前去寻找行在。正午时分，船队经过一条出口不大的河流，哥伦布将其命名为卢纳河（意为“月亮河”）。傍晚的时候，到达另一条大得多的河流，河口宽阔如海，哥伦布给这里的海湾取名马雷斯河（意为“众海之河”），也就是今天的古巴希瓦拉港所在地。这是哥伦布到达西印度群岛以来看到的最好的港湾，港湾西岸有个村庄。哥伦布决定在此停靠，上岸打听关于中国的消息。

两条小船带着从圣萨尔瓦多抓来的向导，进

村寻找当地土著。但是，村里的男女老幼见到有船来，早已逃之夭夭。他们在当地人的棚屋中搜索了半天，什么也没有发现。

10 月 30 日，船队从马雷斯河出发，向西航行，来到一个长满棕榈树的海角，哥伦布将其命名为“棕榈角”。随后，刮起了西北风，气温急剧下降。船队做了几次抢风逆行的努力都宣告失败。哥伦布只好命令船队掉头，返回马雷斯河，然后自 11 月 1 日起，在那里停留了 11 天。

哥伦布的首要目的是取得土著人的信任，从他们那里获得关于黄金产地和大汗居住地的信息。他从圣萨尔瓦多抓来的向导中，有位年轻人，已经能借助手势粗略懂得哥伦布及其船员们的意思。虽然此时他还没有完全学会卡斯蒂利亚语，但他至少能使当地人相信，抓他的人其实都是一些好人。他成了船队与土著人之间相互沟通的重要媒介。首次西航成功后，这位年轻人随哥伦布回到西班牙，接受了基督教洗礼，哥伦布则把自己长子的名字送给了他，把他叫作：迭戈·科隆。

在迭戈的帮助下，船员们终于消除了当地土著人的疑虑，双方展开了一场用实物换取实物的贸易。但因为语言障碍，造成的误解也越来越多。通过迭戈与土著人的交谈，哥伦布得知，这个岛上住着一位君王。他想当然地以为那就是中国的大汗，而土著人的意思原本不过是内地住着一位酋长。当船员们询问什么地方可以找到黄金时，土著人不约而同地指着内地说："纳罕，古巴纳罕！""纳罕"在古巴土著语言里是"中部"的意思，哥伦布却把它误解成了《马可·波罗游记》中提到的"忽必烈汗"。

古巴土著酋长确实住在内地某个地方，从马雷斯河口出发，沿着美丽的卡科尤古因河谷，大约上溯 25 海里，就到了。11 月 2 日，哥伦布派出一个使团前往内地朝见"中国大汗"。使团带上了所有的外交物品：拉丁文护照、西班牙双王签发的国书以及一些王室礼物。他们还带了些香料样品，以便与当地土产相互比较。为了换取食物，自然还少不了一些用来交换的串珠等小物品。他们接到的命令是，要在 6 天之内返回。

使团离开以后，哥伦布和马丁·阿隆索、比森特·亚涅斯两位船长分头带人沿河流考察，或者上岸了解当地物产和风土人情。11 月 4 日，马丁·阿隆索带回来两块像肉桂一样的东西。哥伦布看过后，发现那并不是肉桂，只是与肉桂长得很像罢了。不过，这却激发了他在古巴做香料买卖的希望。同一天，哥伦布首次尝到了有“栗子味道的”印第安甘薯和人工栽培的美洲豆。在一片野地上，他还发现了正在开花结铃的野棉花。11月5日，“尼尼亚”号的船员又从某种秋葵叶子里取回了一点树脂。他们认为这是乳香，哥伦布也觉得和他早年航行希俄斯岛时见到的乳香非常像，特地留下了标本。实际上，这种树脂并不是乳香。在整个西印度群岛，哥伦布和他的船员们想要的肉桂、芦荟、麝香等香料，统统不存在。

11月5日，哥伦布焦急等待的使团终于回来了，但他们带回的却是一份让人非常失望的报告：他们既没有找到“中国大汗”，也没有找到出产黄金的地方。沿着卡科尤古因河谷上溯大约36海里后，他们见到了一个有50多座棚屋和数百人口的村庄，那些棚屋没有黄金屋顶，而是用棕榈叶覆盖。当地酋长热情接待了他们，把他们奉为上宾。但是，酋长的棚屋和他们想象的大汗宫殿相差实在太远了，这个小小的村庄更比不上繁华的东方帝国都市。

不过，使团此行却见识了一种威力更大的

“统治者”：烟草。使团中的两位西班牙人一路上发现，许多进出村庄的土著男女，手里都拿着一根烧着的木炭和一些干枯的植物叶子，他们用木炭点燃叶子，吸取冒出的青烟。据说，吸过这种烟后，那些人感到浑身麻木甚至眩晕，不再有疲劳感。这是欧洲人第一次近距离接触吸烟的人。40 年后，来新大陆的西班牙殖民者就开始普遍吸烟了。如今，吸烟对人类健康乃至生态环境的破坏，已经越来越被人们所认知。这一恶习也屡遭声讨和查禁，但至今仍未彻底灭绝。自烟草传遍全世界以来，这桩生意早已撑破了许多商人的钱袋，就这一点来讲，它大概比哥伦布时刻不忘寻找的黄金还要贵重得多。只是，刚刚见到它的时候，哥伦布和他的船员们，都还没有真正认识到这种叶子的“价值”和“威力”。

在古巴初步寻找的结果，让哥伦布深感失望，但他并没有泄气。在马雷斯河口的一个小湾里修整完船只之后，他原本计划于 11 月 8 日起航，但海上信风过于猛烈，不得不又在港湾里停留了 4 天多。11 月 11 日，准备开航前一天，哥伦布命人绑架了 5 名到船上道别的年轻人，接着又派小船上岸抓来了 7 名妇女和 3 个小孩，其中几个人的丈夫和父亲出来乞求，结果也被带走。对于自己这么做的原因，哥伦布解释说，他想把这些年轻的印第安人训练成翻译，而有了本地的女人做伴，他们可能会安心一些。可是，后来，这些被抓的印第安人，除去有两名青年在关塔那摩湾逃走以外，其余的没有一个能活着到达西班牙。

这些被抓来的印第安人身上佩戴着黄金首饰，其中一位佩戴的首饰尤其引人注目。当被问及他身上的黄金从何而来的时候，这位年轻人打着手势说，有个叫巴韦克的岛屿，上面的居民晚上点着蜡烛在海滩上捡黄金，然后用锤子把金块锤成金条。巴韦克就是古巴东边的大伊纳瓜岛。这样的消息对于哥伦布和他的船长、船员们都是极大的诱惑。11 月 12 日黎明时分，哥伦布命令船队离开马雷斯河口，驶往巴韦克。这天吹向巴韦克的西风虽然微弱，但风向稳定，阳光灿烂，远处那闪闪发光的黄金海滩仿佛正在向他们招手。11 月 13 日，天气转为多云，空气沉闷，船队走走停停，但始终没有停下来稍事休息的意思。到了 11 月 14 日清晨，风突然变为强劲的东北风，再向东航行寻找巴韦克已不可能。哥伦布大胆驶过一个狭窄的弯弯曲曲的航道后，眼前豁然开朗，原来他们抵达了一个巨大的海湾，哥伦布称它为“我们的圣母之海”，而现在它更为人们所熟知的名字是：关塔那摩湾。海湾入口处有一个天然港口，但哥伦布没有在这里停歇，只是以西班牙王子堂·胡安的名义把它命名为太子港。

关塔那摩湾内岛屿密布，有的陡峭如钻石刻刀，有的平坦像饭桌，还有一座高耸入云的山岭，在周围都是贝壳的海岸中间拔地而起；水域内却没有岩石，不至于割断帆船的锚链。无疑，这是一个天然的优良避风港。接下来的几天，哥伦布时常乘坐小船四处考察。他不时要求船员下水抓鱼、捞牡蛎、找珍珠，还首次看到了硬毛鼠：一种现在仍被当地人视为美食的四足动物。他们发现的最有趣的植物则是某种“与印度坚果树同类的大坚果树”，哥伦布以为这就是马可·波罗提到过的椰树，但实际上这只是当地的一种胡桃树。这个风景秀丽的海湾里并没有黄金，除了被哥伦布误认为印度椰树的胡桃树外，也没有任何代表亚洲的标志和线索。这里没有土著村庄，也没有有利可图的东西。于是，11 月 19 日日出之前，船队又在一阵微风中重新出发了。

11 月 19 日日落时分，在离开关塔那摩湾入口 20 海里的地方，哥伦布认为自己看到了巴韦克岛，方向在船队正东。实际上，巴韦克距当时船队所处的位置有 80 多海里，方向也不在正东，他根本不可能看见这座岛屿。这可能是印第安人把日落时东方地平线上出现的一片云看成了巴韦克，哥伦布也就相信了他们。根据此时的风向，船队正向东北漂流，距离哥伦布想象中的巴韦克岛位置越来越远。这样，第二天上午，当风向转变的时候，哥伦布决定先返回关塔那摩湾。

返航途中，哥伦布或许已经弄清他此前看到的并不是真正的巴韦克岛。11 月 20 日，夜幕降临之际，他决定再试一次去寻找巴韦克岛，这次预定的航向是东北方向。但是，11 月 21 日白天，巨大的海浪一直阻止着船队前进的速度。当天晚间，风向又由南变为东，船队不得不偏向东南航行。11 月 22 日清晨，风向变为偏北风，哥伦布认为首先要做的是，尽快向南找到一块陆地停靠。就在这时，哥伦布发现，马丁·阿隆索·平松率领的“平塔”号不见了！

哥伦布在关于 11 月 21 日的《航海日志》中分析马丁·阿隆索不服从命令、私自脱离船队的原因时说，这是因为他有贪心，他想第一个到达传说盛产黄金的巴韦克岛。后来得到的消息证明，11 月 21 日晚，在船队向东南航行的时候，马丁·阿隆索的确率领“平塔”号脱离了哥伦布确定的航向，掉转船头向东驶去，不久便到达了巴韦克岛，但在那里并没有找到一点儿黄金。虽然“平塔”号找到了海地岛，并对岛上锡瓦奥一带的黄金进行了首次试探。现在我们可以说，对于哥伦布寻找黄金的缓慢进程，马丁·阿隆索大为不满，甚至他也很反感哥伦布的大权独揽。11 月 21 日晚上的马丁·阿隆索很可能这样想：“我不要再跟着那个自命不凡的热那亚人慢慢噌噌地航行了。当务之急是寻找黄金，这才是我要做的正经大事。”

虽然，马丁·阿隆索和他率领的“平塔”号暂时离开了哥伦布，但两人再次见面已经是一个半月之后向西班牙返航途中的事了。

11 月 24 日上午，数量减为两艘船的哥伦布远航船队，在一个平坦的岛屿大莫亚礁靠岸。10 天之前，船队曾经过此地，但当时海上波涛汹涌，没敢进入这个海港。现在，海浪已经平静下来。哥伦布在这里发现了一处避风的泻湖，湖内可以停靠船队中所有大小船只。停泊下来以后，哥伦布命令船员用小船把他送到莫亚河，在莫亚河的河床和河岸上，他探查了一些矿石，虽然不是全无价值，却并不是金子。莫亚湾给哥伦布留下最深印象的，还是那高耸的山峰、潺潺的流水和茂密的树林。

在莫亚湾休息了两天之后，11 月 26 日黎明，船队趁着一股轻微的西南风朝瓜里科角驶去，然后向南到达今天古巴奥连特省一带最突出的海岬，哥伦布命名为坎伯纳角。对于众多的美景，不知道哥伦布是不是已经看得有些厌倦，虽然他觉得这整个地区的山峰和山谷都很美丽，但当 26 日夜船队离开坎伯纳角时，他决定不再进入这一带众多港湾中的任何一个，而是让船只停航而不抛锚，任其在海上漂流。直到 27 日拂晓，船队才重新驶往坎伯纳角，并从这里开始对奥连特北部海岸进行巡航和考察。这天正午，船队向东航行前往迈西角，很快他们就在南边不远处发现了一个奇特的港湾，港湾周围有开阔的土地和很大的村落。哥伦布把这处港湾命名为“圣托港”，决定在这里停船，并上岸访问那些村庄。进入港湾以后，哥伦布发现，隔着一溜狭窄的河滩，对面有一条河流，河水清澈，而且很深，“大划船可以进入”；河流两岸鸟语花香，田野秀丽，林木丰茂，气候宜人。他当即断定，这是一处修建城市和堡垒的理想地方。也正由于哥伦布在《航海日志》中对这个地方的大力鼓吹和举荐，1512年，迭戈·德·贝拉斯克斯①带领300名西班牙人和非洲黑奴征服了此地，建立了西班牙在古巴的第一块殖民地，取名为亚松森·德·巴拉科阿，而“圣托港”这一名字也很快被“巴拉科阿港”所取代。

恶劣的下雨天使船队在圣托港停泊了一个星期。这期间，船员不时上岸去河边洗衣服或者在港岸深处闲逛。起初，他们一出现，村里的土人就跑了个精光。后来，哥伦布让迭戈·科隆带着铜环、玻璃和铜铃做先导，设法与土著人取得了联系。双方虽然都有做交易的愿望，但土著人除了贝壳和淬过火的木标枪之外，实在没有其他东西可以交换。更重要的是，岛上没有发现一丁点儿黄金和香料，这一点尤其让哥伦布大失所望。

---

①迭戈·德·贝拉斯克斯，西班牙航海家、探险家。1493年9月—1496年6月，他参加了哥伦布领导的第二次西航。

所以，他决定尽快离开这里。

12 月 4 日，船队驶离圣托港，一路沿着海岸航行，简单考察了博马港和马塔港，于日落时分经过古巴东端迈西角的弗赖岬（哥伦布称之为“美丽岬”），随后便看到了古巴与海地岛之间的向风海峡。

12 月 5 日上午，哥伦布原本打算再做一次努力，前去寻找巴韦克岛。但是，天公好像偏偏要与他作对，强劲的东北风再次吹来，那里正是去往巴韦克岛的方向，哥伦布不得不先向东南方向行驶。不久，他就看到右前方有个极大的岛屿，船上的印第安向导称它为“博希奥”（即海地）。于是，他迅速决定改变计划，趁着顺风前往博希奥。在印第安人的传说中，那是一个住着吃人肉的加勒比人的地方。

锡瓦奥！ 西潘戈（日本）？

1492 年 12 月 5 日，哥伦布率领船队越过向风海峡，并在当日天黑时，抵达一个大港湾的入口。这里是海地岛的西北角，东方远处有座像乌龟样的岛屿，哥伦布取名为“龟岛”（即托尔图加岛）；向南望见一个岬角，他命名为“星角”。

第二天中午，两条船驶进港湾。哥伦布发现，海港深处是一个完全由陆地包围的内港，海水清澈见底，与西班牙的加的斯湾非常相似。按照欧洲的习俗，当天正是儿童保护神圣尼古拉斯的节日，于是哥伦布把它命名为圣尼古拉斯港。在哥伦布为新大陆命名的无数地方中，这也是第一个至今没有改名的地方。

船队一到达圣尼古拉斯港，岸上的印第安人就逃散了，哥伦布认为这里不宜久留。12月7日清晨，“圣玛利亚”号和“尼尼亚”号趁着陆上吹来的微风起锚开航。船队走出港口后，绕过圣尼古拉斯莫莱角，沿着海岸向东驶去，下午1点到达一个群山环抱的海港，哥伦布把它命名为康塞普西翁（意为“圣母受孕节”，因为12月8日是传说中圣母受孕的日子），站在港口便可以看到对岸巨大的龟岛。大雨将至，东风劲吹，船队只得抛锚停泊，并在这里停留了5天。

此时，哥伦布才有空闲仔细观察这个海岛。海岛气势雄伟，风景秀丽，既有茂密的草地，也有高耸入云的崇山峻岭，河滩像科尔多瓦的田野一样，甚至捉到的鱼也和卡斯蒂利亚的鱼非常像……总之，这里的一切都使哥伦布想到了西班牙。于是，12 月 9 日，他决定给这个海岛取名伊斯帕尼奥拉岛（意为“西班牙岛”）。现在，这个海岛更通用的名称仍然是“海地岛”，这是当地土著对它的称呼。不过，因为这个岛上现在有海地和圣多明各两个国家，所以美国仍然称它“伊斯帕尼奥拉岛”，并用在各种地图和出版物中。

康塞普西翁港即现在的莫斯蒂克湾。12 月 12 日，哥伦布在海湾西边的高地上树立起一个大十字架，代表西班牙双王宣布正式占领伊斯帕尼奥拉岛。第二年，这座岛屿就变成了西班牙在美洲的第一块殖民地。它是哥伦布荣辱相系的场所，也是他的遗骨最终归葬的地方。

哥伦布的船员终于和海地岛土著有了第一次接触。3 个船员去海港尽头考察一处肥沃的谷地时，找到一批逃散的居民，抓获了其中一个佩戴金鼻饰的年轻妇女。在“圣玛利亚”号上，她与从古巴抓获的俘虏进行了交谈。当了解到西班牙人给了这些人各种好处时，这位妇女表示愿意与这群“从天而降”的人待在一起。但哥伦布还是命令船员送给她穿旧的衣服和各种小配饰，打扮一番之后，很礼貌地把她送回岸上。哥伦布相信，与其把她留下来，还不如把她作为诱饵引人进入圈套。

12 月 13 日，哥伦布派 9 名船员带着一个印第安翻译深入内地。沿着一条小路，他们走到特雷伊斯河谷，在那里发现了一个有上千座棚屋的大村庄，但村民都已逃走。船员们四处搜索，印第安翻译则大声喊叫，一再保证这些人是从天上来的，没有什么危险。听到这些话后，2000 多名恐惧未消的土著小心翼翼又充满好奇地围拢过来，然后高兴地把船员们带进了自己的村子。他们纷纷拿出木薯面包和鱼款待来客，还把整群的鹦鹉送给了船员。在船员们看来，这些村民比古巴土著更加漂亮大方，其中有两位少女“皮肤白净，同在西班牙看到的一样”。现在他们知道了，海地岛上的人并不是什么“吃人肉的加勒比人”，而是和之前看到的一样的泰诺族印第安人。

来到海地岛至今，哥伦布唯一失望的是，除那位年轻妇女鼻子上戴的金饰以外，并没有找到任何黄金。所以，他仍念念不忘前去巴韦克岛，而印第安向导认为这个地方就在龟岛东北。12 月 14 日，船队出发前往巴韦克，但因遭遇逆风，很快就回到了原地。12 月 15 日，船队重新启程。艰难地航行到特雷伊斯河口后，哥伦布决定先乘小船沿河道逆流而上，前去访问两天前 9 名船员到过的那个村庄。但是，河水过于湍急，让船员用粗绳拖拉着努力了一番，哥伦布只得放弃了这个计划。不过，他总算亲眼见识了这个河谷的美丽繁茂，把它命名为“天堂河谷”。

第二天航行途中，大约上午 9 点左右，船队又遭遇了逆风。就在风浪最凶猛的海峡中部，他们看到一个印第安人独自驾着一条独木舟，漂流在狂风巨浪中。哥伦布下令把他救上大船，送给他一些珠子和项圈，之后便在前方一个新建的村庄附近送他上岸。这种慷慨而友好的举动打动了岸上的印第安人。很快，500 多名土著人在首领带领下来到海滩。这位年轻的首领只有 20 岁出头，却很受土著尊敬。几位土著人上船接洽后，哥伦布便派人上岸给那位年轻首领送去礼物，同时打听黄金和巴韦克的情况。当天傍晚，土著首领带着哥伦布所需要的航海指南来到船上，哥伦布用卡斯蒂利亚美食款待了他和他的随从。

令哥伦布感到兴奋的是，这些土著人虽然都赤身裸体，但佩戴的金饰却比较丰富。12 月 17 日，一批船员被派上岸与当地人做生意时，一位酋长拿出一片手掌大的金叶，表达了强烈的交易愿望。但是，他把更多的金叶放在屋子里，一次只拿出一片，船员们也搞不清他到底有多少黄金。他对船员们说，龟岛上有更多的黄金，但他却希望垄断与西班牙人的黄金交易，不欢迎那个岛上的人过来竞争。

12 月 18 日，恰逢基督教的天使报喜节。哥伦布下令把两只帆船盛装起来，高悬彩旗，摆起饰有纹章的盾牌。过了一会儿，年轻的印第安首领出现在海滩上，带领随从走上“圣玛利亚”号。他送给哥伦布一条做工精细的腰带和两片加工过的金箔，哥伦布回赠给他一顶帐子、一串琥珀珠子、几双红鞋和一瓶橘子汁。印第安首领要离开的时候，哥伦布命令船员按照西班牙海军仪式奏响管乐，送他下船。之后，又发射了无数伦巴德炮弹，以代替 21 响礼炮。印第安首领上岸以后，坐上一顶小轿子，由随从人员抬着回到了位于内地的住处。

在会见印第安来客的时候，哥伦布从跟随年轻首领一起上船的一位老人那里得知，周围 300 多海里以内的许多岛屿都出产黄金，有一个岛甚至满地黄金，另一些岛上的金子也多到可用箩筐去装，那里的人会把金块做成金条和上千种工艺品。他还把产黄金的位置和去往那里的路线比画着告诉了哥伦布。

听完讲述，哥伦布深信，从这里向东一定能找到老人所说的产金地区。当晚，他就命令船队开航，向东方前进。不过，一到白天，这一带的海风就变成东风。整整一天，船队都没有走过所在的海峡。晚上却有从陆地上吹来的微风，为航行提供助力。哥伦布不顾停歇，指挥船队趁着明亮的热带星光冒险前进。

12 月 20 日日出时，哥伦布在船队航线的南面发现了一个海湾。他觉得这个海湾如此美丽，以至于再也找不到合适的词汇去形容它。因为第二天是圣托马斯的斋戒日，所以他把这个海湾命名为圣托马斯湾（现在的名字是“阿库尔湾”）。进入海湾之前，领先的“尼尼亚”号在入口外发现了一个小岛。在等待“圣玛利亚”号赶上来的时候，船长比森特·亚涅斯派人乘小船登岛。岛上的居民正在挖掘一些树根。船员也采集了一些样品，比森特·亚涅斯和哥伦布都认为这是中国的药材大黄，并作为他们已到达中国的证据。而实际上，这只是新大陆出产的一种热带植物。

夕阳西下时，船队进入圣托马斯湾停泊。哥

伦布说，这个港口的保护能力非常好，“一个人用一根最陈旧的锚链也能把船只系牢”。12 月 21 日清晨，哥伦布乘小船考察了这个港口，并派两名船员上岸寻找村落。他知道附近一定有个村庄，因为头天傍晚曾经有条独木舟来船队拜访。不久，两名船员回来报告说，离岸不远就有一个村庄。于是，哥伦布命令把小船划到离村子最近的登陆点。海岸上已经站满了当地的男人、女人和孩子。这些印第安人送来了薯粉面包，还有用葫芦和陶器盛装的淡水，以及其他许多东西。随后，哥伦布派 6 名船员去察看印第安人的村庄。同时，有几个其他村庄头领来访问哥伦布，竭力邀请他去他们那里做客。哥伦布接受了邀请。在那些村庄里，心甘情愿的赠送和物物交换，这样热情而动人的场面一次又一次出现。

12 月 22 日，哥伦布原本打算继续航行，但很快便发现海湾外东风强劲，只好回到港湾入口附近停泊。这一天，一位名叫瓜卡纳加利的印第安酋长派遣使者前来拜访。这位瓜卡纳加利是统治整个海地西北部的大酋长，之前的年轻印第安首领也是他手下的一个头目。这次，瓜卡纳加利的使者带来了做工精美的礼品：一根绣有红色和白色鱼骨的布腰带。这根腰带有四指宽，非常坚固，从火绳枪里射出的子弹也穿不透。腰带中间有一个面具，上面镶有锤金做成的耳朵、鼻子和舌头。这是哥伦布到达他所认为的“印度”以来，见过的最好的工艺品。

献上礼物之后，使者邀请哥伦布前去大酋长那里做客。哥伦布决定接受邀请，但在亲身前往之前，先派一条小船在本地独木舟的引导下前去报告行期，同时沿途考察航行路线。为了验证印第安人是不是诚实，当天下午，哥伦布又派出 6 名船员，在秘书罗德里戈·德·亚涅斯·埃斯科韦多率领下，前往内地另一个村庄。结果，那个村庄的村民全体出动，带着棉纱、若干小金块和一种像鸭子形状的独木舟作为礼物，护送这个使团回船。经过河流或沼泽的时候，他们还把船员们背在背上。当天，共有 120 多只独木舟载着上千土著人向“圣玛利亚”号靠拢而来，每只独木舟都带有若干礼物；另外有 500 多人没有乘坐独木舟，干脆或跑或游地来到“圣玛利亚”号旁。哥伦布吩咐水手趁机打听黄金产地的情况，不少土著纷纷指向东方或者内地。因为这两天来看到的金块成色非常不错。哥伦布更加相信，金矿就在这个或者附近某个岛上。

12 月 23 日黄昏，头天派出的小船从瓜卡纳加利的驻地返回，一同回来的还有一位大酋长的臣仆。回来的船员报告说，那里有一个 2000 多人的大村庄，村民都渴望见到海洋统帅。他们还给哥伦布捎来了一篮子礼物，其中有金子和鹦鹉。船员们还说，即将到来的圣诞节如果在那里度过，肯定是个不错的选择。大酋长的臣仆则说，他们那里有个叫锡瓦奥的地方，盛产黄金，大酋长的旗子就是用金箔做的。臣仆的话，更加坚定了哥伦布接受瓜卡纳加利邀请的决心，因为那里不但有大量的黄金，而“锡瓦奥”听起来也很像马可·波罗给日本国取的名字“西潘戈”。哥伦布就是这样认为的，他觉得，自己终于要到达黄金做屋顶的日本国了！因此，12 月 24 日日出之前，当哥伦布率领船队离开圣托马斯湾时，他满脑子想的都是如何与瓜卡纳加利一道在日本过一个愉快的圣诞节，但绝对不会想到，一个自西航以来最严重的事故和灾难正等待着他。

“圣玛利亚”号搁浅在平安夜

船队刚离开圣托马斯湾后，便一如既往地遭

遇了强烈的东风，海水逆着航向向西涌来。他们不得不走“之”字形路线，一会儿向左，一会儿向右，不断变换着方向，以免船只直接顶风前进。整日的航行非常疲累，进展却非常小。12 月 24 日黄昏，两只船驶近一座高高的石岬。因为圣诞节即将来临，哥伦布把它命名为圣塔角（现名“海地角”）。越过这个海角后，直到午夜 11 点，“圣玛利亚”号才航行了 3 海里。此时，在前面开路的“尼尼亚”号，已经与指挥船隔开很长一段距离。

这晚是平安夜，也是一个极其平静的夜晚，大海像一碗端平的水，只有偶尔的微风吹起一阵不易察觉的波纹。由于好奇的印第安人昼夜不停地到访，哥伦布和“圣玛利亚”号上的船员已经连续两天一夜没有合眼了。晚间 11 点，值班的船员换过班以后，哥伦布在后甲板上散了会儿步，与新接班的胡安·德·拉科萨闲聊了几句，便回到他的舱房里入睡了。不当班的船员也早已睡熟。见老大已经走开，值班的瞭望员、见习水手和其他船员，立刻各自在甲板上选个安稳的地方，也放心地呼呼大睡去了。领班的胡安·德·拉科萨在后甲板上待了一会儿，也忍不住打起了哈欠。他环顾一下四周，没有一丝风的迹象，“尼尼亚”号正在远处缓慢前行，于是他命令舵手看准一个星星航行，如果起了风或者天气有变化就去叫醒他。吩咐过后，他就去睡觉了。不久，舵手也打起了瞌睡，他觉得自己已经支持不住，就踢醒一位负责翻转沙漏计时器的环索工，让他掌握那个巨大的难以操纵的舵柄，自己却蜷缩在驾驶室中睡着了。这样，载着40名船员和见习水手的“圣玛利亚”号帆船，就完全交给了一个根本不懂驾船的小环索工。在又矮又暗的驾驶室内，他什么都看不清——原本驾驶员就是靠甲板上的领航员传递信息，告诉他海面上的情况。万籁俱寂之中，这只缓慢航行的帆船发出了各种吱吱嘎嘎、噼里啪啦的声响。这样的声音，在那个小环索工听来，起初清晰异常，但他的耳朵很快便自觉把它们过滤掉了。不幸的是，被同时过滤掉的，还有渐渐临近的海浪拍岸的声音。

正当沙漏里的沙子第二次漏完（每次半个小时），宣告圣诞节来临的时候，灾难发生了：不知不觉之间，“圣玛利亚”号已经滑上了一座倾斜的珊瑚礁，龙骨碰到礁石发出刺耳的吱吱声，船身开始颠簸起来。紧接着，船舵触地，船底砰然一声撞上隆起的地块。那个困倦的环索工猛然惊醒，大声叫喊起来。哥伦布第一个走上甲板。然后，胡安·德·拉科萨也急急忙忙地从他的舱房里跑了出来。没过多久，甲板上就站满了船员，命令声、叫喊声、咒骂声、祈祷声，瞬间打破了午夜的寂静。

哥伦布很快弄清了情况：“圣玛利亚”号已经触礁搁浅，船头抬起，船尾已向水中倾斜。但情况还不算太坏，还可以补救。于是，他对着仍然睡眼惺忪、但又惊慌失措的胡安·德·拉科萨大声喊叫起来，命令他赶快将系在船尾的小船拖来，将大锚装上小船拖到船尾深水处抛下，以免大船继续向礁石上滑动；然后将绞索连到船头的大起锚机上，转动起锚机绞起船头；再把小船系在大船尾部，让船员拼命划动小船，把大船拖出搁浅的地方。

但是，胡安·德·拉科萨不但没听从哥伦布的命令，反而带领他的几个同乡挤上小船划向“尼尼亚”号逃命去了。他们的胆怯和背叛使“圣玛利亚”号失去了宝贵的抢救时机，而且没有了小船，大船便完全孤立无助了。“尼尼亚”号船长比森特·亚涅斯拒绝了这群胆小鬼上船的

请求，命令他们回到自己的岗位上去，并派出几名得力助手驾着自己的小船前去支援哥伦布。

这时，巨浪正把大船推得越来越高，每一个浪头都使它抬高一下，浪头落下时，船身又要撞击一下礁石。为了减轻船的重量，哥伦布命令砍掉沉重的主桅杆，并把不必要的重物和压舱石全部抛入海中。但是，一切都为时已晚。当“尼尼亚”号派出的小船赶来时，“圣玛利亚”号由于连续遭受撞击，船底开裂，海水迅速涌进船内。“圣玛利亚”号的航行结束了。眼见已经无能为力，哥伦布就和同伴一起转移到“尼尼亚”号上，在那里等待天明。

哥伦布与瓜卡纳加利一起庆祝在新大陆上的第一个圣诞节的计划破灭了。天亮以后，他就派人上岸把“圣玛利亚”号遇难的消息告诉了瓜卡纳加利，并向这位大酋长求援，他自己则乘一条小船去察看遇难的船只。太阳高照的时候，瓜卡纳加利带着他所有的独木舟和许多土著人赶来了。土著人帮助“圣玛利亚”号卸载的时候，瓜卡纳加利和他的兄弟一直留心监视船上和岸上有没有货物或船具失窃的事件发生。后来，哥伦布经过仔细检查，发现连一块针绣花边、一个钉子或一块木板都没有丢失。瓜卡纳加利还不时派自己的心腹前来劝慰哥伦布。这样，在瓜卡纳加利和当地土著人的帮助下，卸载的繁重任务在一天之内就完成了。

12 月 26 日，瓜卡纳加利又来到“尼尼亚”号上，劝哥伦布不必忧愁，说自己一定会倾尽全力予以支援。就在这时，一条独木舟从另外一个地方赶来，舟上的印第安人站起来亮出一片黄金，表示自己非常希望要一个西班牙人的铜铃。站在一旁的瓜卡纳加利默默不语地看完这笔交易，接着有意无意地对哥伦布说，如果自己也能得到一个铜铃，他将送给哥伦布四片手掌大的金子。他还说，自己知道附近一个地方有很多金子，他会命令自己的臣民向海洋统帅贡献黄金，要多少有多少；有个叫锡瓦奥的地方，金子更多，那里的人简直把金子看成废品一样。

在提供了这样让哥伦布振奋的消息之后，这位大酋长获得了一件内衣和一双手套，随后又穿上衣服应邀在“尼尼亚”号上进餐。接着，他又请哥伦布上岸进食他们的正餐。宴会结束后，瓜卡纳加利带领客人参观了海滩。当酋长谈到凶恶的加勒比人和他们令人恐惧的弓箭时，哥伦布让随从人员进行了射箭、射击和伦巴德炮发射表演。瓜卡纳加利大为惊服，当场把一个镶嵌着金眼和金耳的大面具送给了哥伦布。

再没有什么比黄金更能抹平遇难者的眼泪了。现在，哥伦布觉得，这次船遇难是上帝预先安排好的，目的是使他发现锡瓦奥金矿并建立一个殖民地。有了源源不断的黄金，就可以组织十字军，就有可能完成收复耶路撒冷的任务了。他要立刻返回西班牙去，把这个天大的好消息告诉双王。不过，“圣玛利亚”号已经罹难，“平塔”号仍然杳无音讯，船队只剩下最小的那个“尼尼亚”号了。“尼尼亚”号上原本已有22人，如果再加上“圣玛利亚”号上的44名船员及那些印第安俘虏，根本不可能容得下这么多人。单凭一艘“尼尼亚”号，他不可能把所有的人都带回西班牙去。于是，他又想，“圣玛丽亚”的遇难，大概也是上帝在暗示他，把一部分人先留在岛上，再建立一座塔楼和堡垒，为以后殖民地的开发打下基础。

瓜卡纳加利非常友好，锡瓦奥也距离不远。所以，当哥伦布把自己的打算告诉船员时，所有人竟然都恳求他把自己留在这里。他们的想法是，在哥伦布把消息带回西班牙、大批西班牙人蜂拥而来之前，获得头一份最丰富的黄金。

于是，哥伦布首先选定了一个浅水海湾，在其中部向南大约两英里的一片沙滩东端，建立起一座城堡。隔着海湾，这片沙滩对面就是“圣玛利亚”号遇难的礁石。为了纪念船只遇难的日子，哥伦布决定把这个城堡命名为纳维达德城堡（意为“圣诞堡”）。建设城堡花费了一个星期，所用材料大部分来自“圣玛利亚”号的板条、肋材和扣拴物。城堡内还建了一个大地窖，用来储藏酒、饼干和其他抢救出来的补给品，播种用的种子和用来换取黄金的小商品也一概留下。安排完这些事以后，哥伦布从两条船上选出 39 名船员，在船队保安和迭戈·德·哈拉纳的统率下留守纳维达德，让他们继续开拓海岸、发现金矿，并寻找比纳维达德更合适的港口来建立永久殖民地。

回航以前，哥伦布还要做一件事，就是向瓜卡纳加利告别，并请他照顾好留下的西班牙人。1493 年 1 月 2 日，在瓜卡纳加利为他举行的告别宴会上，哥伦布命人从“尼尼亚”号上向“圣玛利亚”号的残骸发射伦巴德炮弹，半沉的大帆船一侧瞬间被打得粉碎。对于这兼具炫耀与威胁意味的举动，不知瓜卡纳加利有什么感受，至少这个时候，他还预料不到后来在伊斯帕尼奥拉岛发生的残酷奴役和血腥屠杀。

1 月 4 日清晨，哥伦布终于下令拔锚启程。小船在前面开路，引导“尼尼亚”号避开海湾出口处的礁石。进入外海后，“尼尼亚”号向东北航行，直指西班牙。就在同一天，马丁·阿隆索听到了哥伦布返航的消息，也指挥着“平塔”号踏上了返回西班牙的航程。

狂风暴雨里的归程

刚踏上归程的时候，哥伦布仍怀揣着放不下的疑虑：马丁·阿隆索和“平塔”号在哪里？他既担心马丁·阿隆索在他之前赶回西班牙，对西班牙双王编造谎言，推脱自己私自脱离船队的罪责，并把西航大发现的功劳据为己有；又担心马丁·阿隆索真的在巴韦克岛弄到满船的金子，使他这位海洋统帅丢了脸面。带着这种矛盾的心理，他在安的列斯海域上走走停停地航行了两天多。1 月 6 日，“尼尼亚”号到达一个被哥伦布命名为蒙特克里斯蒂的半岛。中午刚过，海上刮起了强劲的累斯太风——大西洋上一种由南向东吹的干热风，哥伦布让一位船员爬上桅杆高处侦查深水航道，却看见“平塔”号正借着累斯太风自西向东疾驶而来。哥伦布最担心的事情烟消云散了：马丁·阿隆索并没有抢先赶回西班牙。

当晚，马丁·阿隆索来到“尼尼亚”号上，当面向哥伦布道歉并请求他的宽恕。自从 11 月 21 日马丁·阿隆索离开船队以来，两人已有 6 个星期没有见面。在这期间，“平塔”号找到了巴韦克岛，但并没有发现金子。随后，它向东航行，到达蒙特克里斯蒂，在东面一个港口停留了三个星期，在那里找到了大量金子。据马丁·阿隆索的儿子阿里亚斯·佩雷斯后来的说法，他曾听父亲亲口讲起，“平塔”号曾从这个港口出发深入海地岛内地，到达势力更强大的卡奥纳波的领地，并取回了许多黄金。如果这话是真的，那么马丁·阿隆索就先于哥伦布到达了锡瓦奥黄金产地。

哥伦布冷冷地听完马丁·阿隆索的解释，非常恼怒，但他决定暂时压抑住满腔怒火，因为现在最重要的不是惩罚人，而是相互合作、齐心协力返回西班牙。更何况，目前的两位船长马丁·

阿隆索和比森特·亚涅斯是亲兄弟，大多数海员也都是他们招募而来。不过，哥伦布还是高傲地拒绝了对方的赠送，宣布马丁·阿隆索发现的锡瓦奥谷地和河流不能以他的名义占领，也不能用他的名字命名。他还放走了马丁·阿隆索抓来的6名印第安人。

“尼尼亚”号与“平塔”号会合后，由于东来信风的阻挡，不得不在蒙特克里斯蒂附近港口停泊。借这样的机会，船员们忙着为船只捻缝、补充木材和淡水，哥伦布则前去探测半岛附近亚克河①下游的河道。在前往亚克河的途中，哥伦布看见了三条“美人鱼”，此前他曾在几内亚海岸边看见过几条。实际上，他在非洲看见的是一种叫儒艮的海生哺乳动物，而他在海地看到的是加勒比海牛。

哥伦布更渴望的是早日回到西班牙。1月8日午夜，虽然东南风依旧强劲，他仍然强令开航。第二天，风向改变，当晚两只船停泊在一个

①亚克河发源于锡瓦奥，那里是伊斯帕尼奥拉岛（海地岛）的主要黄金产地。1494年第二次西航期间，哥伦布就在这条河的上游建立了第一个内地堡垒。

海角隐蔽处，哥伦布给此地取名罗哈角。1 月 10 日，两只船在布兰科港停泊。哥伦布把这个港口的一条河流取名为格拉西亚河，意思是“宽恕之河”，表示对马丁·阿隆索的离队行为已经宽恕。不过，这条河流是马丁·阿隆索发现的，后人便改称为马丁·阿隆索河。

1 月 11 日，船队望见了托雷斯的伊莎贝拉山，哥伦布把它命名为普拉塔山（银山），因为银白色的云彩覆盖住了它的顶峰。1 月 12 日天亮时，刮起一阵新鲜的西风，两条船趁着良好时机飞速前进。当天晚些时候，船队先后绕过萨马纳角和巴兰德拉角，在萨马纳湾口附近的莱万塔多岛和伊斯帕尼奥拉岛北岸之间停泊。

萨马纳湾有一个叫锡瓜约的阿拉瓦克部族，常常遭受加勒比人的侵害，也学会了用加勒比人的武器来自卫。1 月 13 日，当“尼尼亚”号的小船靠岸采购薯蓣时，采办人员遇见了几个面部涂了黑炭的土著人。他们的头发又长又粗，收拢在脑后，还插着鹦鹉羽毛，身上则一丝不挂。更重要的是，其中有些人还带着弓箭。他们大概把西班牙人看成了另一批入侵者——事实上也的确如此。所以，看到这群陌生人企图登岸时，50 多个佩戴弓箭、手拿棍棒的锡瓜约人立刻严阵以待。船员们极力比画着进行解释，请求他们把武器放在一旁，然后试着向他们采买东西。刚卖出两张弓，这些锡瓜约人就跑回他们的武器库。实际情况是锡瓜约人想拿来更多的武器来进行交易。但在充满警惕的西班牙人看来，这些土著人好像要去拿武器发起进攻。先下手为强！西班牙人立即向锡瓜约人展开了攻击，先是打伤了一个人的屁股，又射伤了另一个人的前胸。虽然西班牙人只有 5 个人，而土著人有 50 多人，但土著人占不到任何便宜，锡瓜约人便转身逃跑了。

1 月 14 日，一个酋长赤手空拳地来到海滩，哥伦布接待他上船，并送给他一顶红帽子、一些饼干、蜂蜜和若干串珠。酋长答应回赠一顶金冠。第二天，金冠送来了，还附有几支棉线。

这次冲突事件，是欧洲人首次遇见带弓箭的印第安人。哥伦布把发生此次事件的海岬命名为弗莱查斯岬（意为“弓箭岬”），萨马纳湾也被称为弗莱查斯湾（即“弓箭湾”）。这也是哥伦布首次西航中，“尼尼亚”号和“平塔”号在新大陆停泊的最后一个锚地。因为不敢冒长时间逗留的风险，1 月 16 日，当西风到来的时候，哥伦布就决定离开这个地方了。

1 月 16 日天亮之前，当“尼尼亚”号和“平塔”号通过萨马纳湾巴兰德拉角的时候，并不意味着这次航行中的发现事业已经结束。哥伦布原本想去加勒比岛看看那些可怕的吃人肉的加勒比人，还有据说“只有女人没有男人”的马蒂尼诺岛，这些都是他从印第安人那里听来的传说。但是，这时风力加强了，两只船开始漏水，他只得改变计划，掉转船头，走东北偏东航向，直奔西班牙。无意当中他带领船队走上了一条最佳航线，这条航线特别有利于船队到达北大西洋上的西风带，然后趁着顺风返回西班牙，虽然沿途他们还要经受狂风暴雨恶浪的考验。

2 月 3 日之前，船队始终按东北偏东方向航行，风很柔和惬意，海面非常平静，“好像塞维利亚四五月份的天气那样”。马尾藻海已经激不起海员们的恐惧感。夜间，月光洒在布满海面的马尾藻上，清新的和风催促着船只高速通过波浪起伏的草海，船草相擦发出一种特别柔和的窸窣声，让船员们觉得妙不可言。

2 月 3 日夜间，天气骤变，天空阴暗，暴雨如柱，空气寒冷。船队已经向北走了足够远的距离，从低纬度地区到达了冬季寒冷多雨的高纬度地区。这时，冬季北大西洋上的西北风也变得猛烈起来。2 月 4 日黎明，哥伦布决定改变航向，向正东航行。在此后的四天时间中，船队创造了整个出航和返航过程中最快的航行速度，平均每个昼夜差不多走150 海里，而从 2 月 5 日日落到 2 月 6 日日出这一整个夜晚，两只船竟然航行了198 海里。

2 月 6 日夜晚，“尼尼亚”号船长比森特·亚涅斯和领航员巴塞洛缪·罗尔丹认为，船队已经进入亚速尔群岛海域，而哥伦布却认为离亚速尔群岛尚远。一个星期过后，当比森特·亚涅斯和罗尔丹一致认为已经越过亚速尔群岛时，他们遭遇了强烈而持久的风暴袭击。

2 月 12 日黎明，哥伦布就看到了暴风雨和波涛汹涌的海面。黑沉沉的天空笼罩着狂啸的大海，海面上一片灰白，船只无依无靠地颠簸向前。“尼尼亚”号的船帆被狂风扯破，只剩下几条光秃秃的桅杆，缆索开始发出断裂的声音。哥伦布说，如果不是这条船构造坚固，一定会船毁人亡。

2 月 13 日早晨，风势稍微缓和一点，“尼尼亚”号借机做了短时间的航行。但到了下午，风力又加强了。海洋上掀起可怕的滔天巨浪，两只船在波浪翻滚的海面上纵横摇晃，巨浪携带着绿水和白沫的洪流冲上甲板，冲击着船上的防卫设备。船上已没有压舱物，只能用海水灌满木桶，防止船只倾覆。哥伦布命令船员降低已经降得很低的主帆以外，收起所有的船帆，放弃既定的航线，让船只带着所有的船员漂泊在汹涌的大海之上。船员们紧紧抓住系在船上的绳索以免跌入海中，个个惊恐万状、面如土色。当天晚上，暴风雨越发肆虐，变本加厉。暗夜之中，“尼尼亚”号曾和“平塔”号交换过几次灯光信号。但两只船早已失去控制，只得任凭风浪摆布，它们之间的距离也越来越远。第二天早晨，“平塔”号从“尼尼亚”的视野中消失。一个月以后，两条船才在西班牙的帕洛斯港再度碰面。

2 月 14 日，风浪依然没有减弱的趋势，两个冷锋从相对的两个方向交叉相撞，把“尼尼亚”号困在中间，无法前进也无法撤出，而另一阵猛烈的北风也正在席卷而来。船员们变得六神无主。看来只好乞求老天的帮助了。为了稳定大家的情绪，哥伦布命令全体船员抓阄儿，选出一人，如果船队最终幸免于难，这个人就将代表大家去教堂朝圣还愿。这样苦中作乐的消遣活动连续进行了三次，哥伦布抽中了其中的两次。天气还没有好转的迹象，于是大家又发誓许愿，假如能够平安回去，他们要穿起最正式的服装，列队到他们遇到的第一个圣母院去祷告。

哥伦布也做好了最坏的打算：自己万一不幸罹难，他和他的船队的丰功伟绩也不能被完全埋没。于是，就在那个摇晃不停的舱房里，哥伦布拿出羊皮纸、羽毛笔和墨水瓶，写了一份简要的西航发现记录，用蜡布包好，放进一个大木桶，加盖密封好，投入了大海中。

直到今天，哥伦布的这份“桶装手稿”一直没有被发现。不过，1493 年 2 月 15 日，他写下并投入海中的这份手稿，已经不再那么重要了。因为，持续了多天的恶劣天气终于停了，风已缓和，海浪也低落下去，“西方天空开始出现晴朗的迹象”。这天日出后，“尼尼亚”号刚一出发，有位船员就望见前方静静地躺着一片陆地。大家纷纷猜测那是什么地方，有人说是卡斯蒂利亚，有人说是里斯本附近的辛特拉山岩，还有人说是马德拉群岛，只有哥伦布一人坚决认定那是亚速尔群岛中的一个岛屿。这次，哥伦布又对了。那是圣玛利亚岛，亚速尔群岛中最南面的一个小岛。但要到达那里，还要航行 72 个小时。

2 月 17 日，在暮色苍茫中，“尼尼亚”号到达圣玛利亚岛。船员和船只已经遭受太多太重的打击，哥伦布决定在这里补充些木材、淡水和新鲜食物，并稍稍休息几天。这个小岛是葡萄牙在亚速尔群岛最早的殖民岛屿，1450 年之前首批葡萄牙移民就来到了这里。

2 月 18 日，哥伦布在圣玛利亚岛北部离岸较远的地方抛锚停船，然后乘坐小舟上岸。哥伦布从当地居民口中得知，附近有座纪念圣母玛利亚的小教堂。随后，哥伦布留下 3 名船员在岸上采购食物和淡水，自己则回到了大船上。

那天下午，“尼尼亚”号一直停留在荒凉的海湾里。等到傍晚，仍不见 3 名船员回来，但 3 个本地人却出现在岸边高高的岩石旁，向“尼尼亚”号船员打招呼。哥伦布命人把他们接上船，只见他们带来了新鲜面包、家禽等物品，说是岛上一位名叫若昂·德·卡斯塔涅拉的首领送来的慰问品。他们还说，因为是夜晚，首领不便来访，明天天亮后，他会带着被他留在那里的 3 名船员前来拜访，并带来更多的食物；所以把 3 名船员留在那里，是因为他想听他们讲西航的故事。

送走来访者以后，哥伦布想到在海上暴风雨中许下的愿，决定第二天上岸到那个小教堂向圣母玛利亚还愿。2 月 19 日天刚亮，哥伦布就把船员分作两批，轮流上岸还愿，一批上岸的时候，另一批则留下来守船。第一批人员上岸之后，走进小教堂，正准备做感恩祈祷时，突然遭到当地居民的袭击，被当作俘虏抓了起来。下令抓这些人的正是卡斯塔涅拉，一位圣玛利亚岛总督的临时代理人。他并不相信哥伦布的船员所讲的西航故事，而是怀疑他们偷偷航行到了属于葡萄牙势力范围的几内亚，所以自称按葡萄牙国王的旨意逮捕了他们。

哥伦布在大船上焦急地等待第一批船员归来，等到上午 11 点，仍不见他们的踪影。他怀疑，要么是小船触礁了，要么就是船员被拘捕了。于是，他下令起锚把“尼尼亚”号绕过弗拉德斯角，这时就看见许多骑马的人下马走上一条武装小船，朝“尼尼亚”号开来。卡斯塔涅拉试图哄骗哥伦布登上他们的小船，哥伦布则努力劝诱他上到“尼尼亚”号上来。双方僵持不下。哥伦布又亮出西班牙双王签发的护照和文件，大声对卡斯塔涅拉说，自己是双王属下的海洋统帅和总督，如果不把他的人放回来的话，他会带身边剩下的一半人回去，让犯罪的葡萄牙人得到应有的惩罚。卡斯塔涅拉针锋相对地回答说：自己不知道什么西班牙双王，也根本不在乎他们，更不怕他哥伦布！哥伦布大发雷霆：让所有在场的人作证，如果不抓到 100 名葡萄牙人带回西班牙做奴隶，不踏平整个岛屿，自己绝不会离开！

哥伦布决定暂时折回“尼尼亚”号最初抛锚停泊的地点，但是天气恶劣，只好下令前往附近的圣米尔戈尔岛躲避。2 月 21 日，当哥伦布折回圣玛利亚岛时，竟然发现他的小船载着当地的两名教士、一名公证人和自己被俘虏的 5 名船员向“尼尼亚”号驶来。哥伦布接待了他们。经过一番口舌，并查看了哥伦布的证件之后，教士和公证人放了他的人，并答应让“尼尼亚”号自由来去。卡斯塔涅拉显然并没有找到“尼尼亚”号侵犯过几内亚的任何证据，也意识到了自己行为的鲁莽。小船又重新开到岸边，接回了其余被抓的船员。

2 月 23 日，“尼尼亚”号载着全部船员离开锚地。在重新踏上归程之前，哥伦布本想寻找一些压舱石，但一直没有找到。2 月 24 日，当海风吹向卡斯蒂利亚的方向时，哥伦布决定不再寻找压舱石，凭着运气，下达了起航的命令。

接下来的航程中，“尼尼亚”号一天也没有停留。海风很大，把他们的船帆刮破了。对此，哥伦布感到很悲伤。他又把全体船员集合起来抓了一次阄儿，决定到达西班牙后，再派一个人去韦尔瓦的圣玛利亚教堂朝圣还愿。不知是不是巧合，这次中签的还是哥伦布自己。这天是 3 月 3 日，“尼尼亚”号已经逼近危险地海岸。哥伦布命令撤下残破的风帆，只靠那根光秃秃的桅杆，迎着狂风巨浪向前驶去。

胜利的消息传遍了西班牙

3 月 4 日黎明，哥伦布看到前方的陆地，他认出那里是贴近葡萄牙海岸的辛特拉山岩，也是即将到达里斯本的一个陆上标志。此时，风暴仍未停歇。已经没有别的选择，他决定绕过这个山岩，进入里斯本港躲避风浪。

3 月 4 日上午 9 点，当“尼尼亚”号在里斯本的外港雷斯特洛抛锚时，哥伦布知道自己已经落入葡萄牙国王若奥二世的掌握中了。他是西班牙双王海上开拓事业的主要竞争者，也差一点成了哥伦布航海事业的赞助和支持者。只要他想做，完全可以把突然闯入的“尼尼亚”号扣留，把哥伦布当作俘虏。无论结果如何，哥伦布都得硬着头皮面对。他打发信使给若奥二世送去一封书信，请求国王允许他溯流而上前往里斯本，同时向国王表明，自己受西班牙双王委派刚刚从“印度”回来，而不是来自葡萄牙的势力范围几内亚。

这时，停在“尼尼亚”号旁边的是一艘大型葡萄牙战舰，它的炮火足可以毁灭这个从海外归来的小帆船。曾发现好望角的葡萄牙航海家巴塞洛缪·迪亚士现在正担任这艘战舰的副舰长，他乘小船来到“尼尼亚”号上，命令哥伦布跟他一道回去向舰长报告情况。哥伦布高傲地回答，自己是西班牙的海洋统帅，不能跟他回去，除非对方使用武力。幸好，迪亚士并未勉强，看过哥伦布的证件后，便回到战舰上报告了舰长。舰长和迪亚士命令部下打鼓吹号，奏起各种乐器为哥伦布举行了盛大的庆祝仪式。然后，他们来到“尼尼号”上对哥伦布做了礼节性的拜访。

国王若奥二世也没有哥伦布预想的那样心胸狭隘。3 月 8 日，他派一位宫廷官吏给哥伦布送来一封信，邀请他到自己的王宫相见。国王还命令自己的代理商给“尼尼亚”号供应粮食和杂货，要花的钱都由葡萄牙王室支付。这是不是一个圈套呢？但为了消除若奥二世的猜疑，哥伦布还是决定接受邀请，骑着那位官吏提供的骡子，载上少量金鼻环和其他在“印度”得到的物品，带着几位最健壮的印第安俘虏，前往葡萄牙王宫。

3 月 9 日傍晚，若奥二世在贝尔图德斯接见了哥伦布。此前，他们已有过一次会晤和一次无果而终的召见。如果当初若奥二世接受了哥伦布的航海计划，那么发现新大陆的荣誉就可能归于葡萄牙了。但是现在，这样的荣誉已经属于葡萄牙的对手了。

若奥二世给了哥伦布非常体面的接见和招待，态度友好而又礼貌。不过，他也表示，根据 1479 年葡萄牙和西班牙签订的条约，加那利群岛以南和非洲以西的海洋都属于葡萄牙的势力范围，所以，哥伦布发现的地方也应归于葡萄牙。

哥伦布以和解的态度回答说，自己没见过那份条约，但西班牙双王曾命令他，不要去非洲几内亚附近任何属于葡萄牙的地方考察，他自己也是遵照命令办事的。若奥二世面无表情地说，他深信一切都可以友好地协商解决。有些大臣自以为领会了国王的真实意图，要求将哥伦布这个自命不凡的家伙立刻处死。国王尽管懊恼无比，但还是理智地拒绝了大臣们的建议。3 月 11 日，若奥二世把一封写给西班牙双王的信交给哥伦布，然后向他道别。

离开贝尔图德斯的路上，哥伦布专程绕道十几英里之外的一个修道院，拜访了住在那里的葡萄牙王后堂娜·莱昂诺尔。此前，听到哥伦布西航归来的消息后，她曾专门派人转告哥伦布，要听他亲口讲述西航故事。哥伦布在修道院接受了王后的礼遇，当天黄昏便告别王后赶往“尼尼亚”号停泊的雷斯特洛锚地。

3 月 12 日晚上，哥伦布回到了船上。3 月 13 日清晨 8 点，“尼尼亚”号起锚开航，趁着快速退下去的潮水，驶离里斯本海岸，直到太阳西落时才进入海洋，掉头向南，向西班牙驶去。此时，“平塔”号正好在它的后面，在互不知情的情况下沿着同一条航线行进。

“平塔”号是在 2 月 13 日那个暴风雨之夜与“尼尼亚”号分开的，随后在海上飘荡了 10 多天。当“尼尼亚”号耽搁在圣玛利亚岛时，“平塔”号仍在赶路。它避开了 2 月 26 日突然袭击了“尼尼亚”号的那场飓风，在此前或稍后意外抵达了西班牙西北部加利西亚省的巴约纳港。马丁·阿隆索随即发出一份给西班牙双王的呈报，请求他们允许自己前往他们的驻地禀报西航的经过及成果。双王责备他说，他们只听取他们任命的统帅本人的汇报，而他只能作为哥伦布的部下一道前来；他们还说，按照海上法律的规定，任何奉命出海的船只必须返回它的始发港。无奈之下，马丁·阿隆索只好于 3 月 11 日驾驶“平塔”号驶离巴约纳港，踏上了返回帕洛斯的行程。

3 月 15 日黎明，“尼尼亚”号驶抵萨尔季斯河口；中午时分，出现在人声鼎沸的帕洛斯港。人类第一次跨越大西洋的远航成功了，帕洛斯的市民奔走相告，教堂里钟声齐鸣。很多人立即涌向码头，欢迎探险归来的英雄。

平松家族的人并没有看到马丁·阿隆索和他的“平塔”号，不免有些失望，充满忧虑。这天下午，欢迎的人群早已散去，“平塔”号船员的家属却迟迟不愿离开。正当这时，“平塔”号居然奇迹般地驶进了帕洛斯港，人群再次欢呼起来。不过，马丁·阿隆索这次又被哥伦布抢了先，忿意难平又自觉脸上无光，回来后便一病不起，于 3 月 20 日死在家中。

还在里斯本的时候，哥伦布已经发出一封关于西航情况的报告，从陆路呈送双王。现在他又发出另一封书简副本，经由塞维利亚的官方信使送往宫廷。同时，他还派一位专门信差送信到科尔多瓦，一封给自己的亲人，一封给科尔多瓦市政府。在等待双王批复期间，哥伦布先后到莫格尔的圣克拉拉教堂和韦尔瓦的圣玛利亚教堂还愿，其他时间便和拉拉维达修道院院长胡安·佩雷斯及其他朋友在一起。这样盘桓了大约两个星期，他才带领 10 名印第安俘虏赶往塞维利亚，并于 3 月 31 日到达那里。

在塞维利亚，哥伦布接受了许多老朋友的祝贺，被引介给许多贵族和主教，同塞维利亚市长、大主教及梅迪纳西多尼亚公爵共同进餐。当他带着头插羽毛、脸戴镶金面具、擎着鹦鹉和海岛特产的印第安人出现在人们面前时，人们一边朝哥伦布伸出大拇指，一边报以惊叹的赞许之声。当时，整座城市正在庆祝复活节，欢乐的气氛又大大增加了哥伦布的自豪和荣誉感。所有这一切，都使他非常高兴。

4 月 7 日，正是复活节庆祝活动的最后一天，城市里的欢快气氛达到了高潮，哥伦布也接到了双王的批复。这份批复签发于 3 月 30 日，从双王当时驻跸的巴塞罗那发出。批复一开头就称哥伦布为“堂·克里斯托瓦尔·哥伦布，我们的海洋统帅、在西印度群岛已发现诸岛的副王和总督”，完全肯定了他的西航事业及成果，确认了他的爵位、职衔和权利，并要求他尽快入宫，接受庆功，同时准备第二次西航。

接到命令后，哥伦布立即起草了一份备忘录，交由快邮发出，呈送双王。接着，他从塞维利亚启程前往巴塞罗那，同行的有一位职员、几个雇来的仆人以及 6 个印第安人。这几个印第安人都提着装有五彩斑斓的鹦鹉的鸟笼，佩戴着他们的民族服饰，系着用磨光的鱼骨做纽扣的腰带。在哥伦布前往巴塞罗那的路上，到处都聚集着从各处赶来观看这个新奇场面的群众。他们在安达卢西亚地区最美的季节，穿行于城乡之间，最终在 4 月中旬到达了巴塞罗那。哥伦布在阿尔卡萨宫受到了双王盛大而隆重的接待。大批宫廷官员和贵族都被传进宫中，见证和分享了这无比荣光的仪典。

第五章
重返新世界

国王唯一要求是尽快出发

哥伦布在巴塞罗那宫廷待了五六个星期。这期间，除去接受封赏、祝贺，会见各种要人之外，他更多的精力还是放在了谋划第二次远航的事情上。在首次西航结束以前，哥伦布就已经在计划第二次西航；早在 3 月 30 日发给他的批复中，双王也已命令他着手准备。在巴塞罗那，他就第二次西航的总计划、航行目的和意图，与双王及其他一些重要人物进行了讨论。一切进行得非常顺利，因为西班牙王室担心被葡萄牙抢占先机，唯一要求就是命令他尽快出发。

5 月 20 日，哥伦布被任命为第二次西航船队总指挥。5 月 23 日，根据哥伦布的建议，双王选定塞尔维亚作为筹备远航的基地，同时选派堂·胡安·德·丰塞卡协助哥伦布准备远航工作。

丰塞卡是一位务实的优秀组织者，在 5 个月时间内，就设法调集了一支由 17 艘船组成的船队，并配备了足够往返 6 个月所需的补给品、备用船具、蜡烛和武器。他还想办法贮存了 1200 至 1500 人所需的食品，招募了一大批不可缺少的工匠，并收集了各类种子、作物、家畜、工具和器械，以便到达西印度群岛后在那里建立一个农矿业殖民地。

这年 5 月，双王还发出了一系列其他命令。命令安达卢西亚地区所有城乡官员为船队购买食品和其他海上供应品并提供一切方便，不准征税，惩罚借机牟取暴利的行为；要求马拉加和阿尔汉伯拉的要塞司令各提供 50 副护胸铁甲、50 只弓弩和 50 条长铳，王家炮兵部队总管负责提供火药和其他军需品；塞维利亚批发商、哥伦布的朋友胡安·诺托·贝拉尔迪，奉命租给哥伦布一艘载重量不超过 200 吨的船只作为指挥船；哥伦布和丰塞卡有权购买或租赁他们所需要的任何船只，价钱由他们适宜处理；他们还能全权处理船只的装备和人员，并发放薪水；一切未被船队租赁或者不属于船队管辖的船只，未经双王许可，禁止驶往“印度”地区的岛屿和大陆。

5 月 29 日，双王给哥伦布签发了出航的命令。他们宣布，此次西航的首要目的是改变土著人的信仰，并派遣首席教士布伊尔和其他一些教士随同前往。西航的另一个目的是创办王家商务殖民区，所有贸易都要受政府指导，严禁私人贸易。哥伦布作为海洋统帅可以分得纯利润的八分之一，其余均归王室所有。

双王为第二次西航下达的所有命令都已发布，他们催促哥伦布离开巴塞罗那，尽早踏上征程。但这毕竟是一次规模空前的远航，准备工作千头万绪，而且，在准备远航期间，哥伦布与两位大人物因意见不同发生了冲突。6 月底、7 月初，当哥伦布抵达塞维利亚并从那里赶往加的斯港的时候，他发现筹备工作远未完成，他原本计划像首航时那样，趁着 8 月初的好天气开航。但是，他又发现已经租赁的船只和所雇用的船员都有缺点，并且粮食和其他补给品还在交付过程中。对于哥伦布的挑剔和干预，丰塞卡非常不满。而且哥伦布要随身带一批侍从的做法，丰塞卡也表示质疑。站在丰塞卡这边的，还有国王的私人秘书、本次远航的督察和财务出纳胡安·德·索里亚。局面有些混乱和棘手，即将跟随船队前往西印度群岛的移民们还将所有的怨言都发泄到哥伦布这位总指挥身上。

除了与大人物的矛盾之外，奸商和采办人员也与哥伦布为难。酒商提供的木桶破旧不堪，经受不住热带烈日的炙烤而开裂，结果使得大批宝贵的酒泄入船舱的污水之中。还有另一个事情让哥伦布更为恼火：远航船队配备了 20 名长矛骑手，起初交付的是安达卢西亚的纯种良马，但骑手们骑着这些马在阅兵场上转了一圈之后，采办人员就私下到吉卜赛人居住的郊区将良马换成了劣马，贪污了中间的差价。

作为一名外国人，在此次远航船队中，和哥伦布私人友谊，以及忠诚并且可以信赖的高级职员并不多。唯一让他感到可以完全放心的是他的弟弟迭戈。迭戈办事谨慎、平和、单纯，哥伦布推荐他跟随船队担任主教职务，但因为他是外国人身份，没有获得双王批准。于是，哥伦布让他担任骑士队的指挥。不过，在船队中的那些贵族看来，这位迭戈并没有什么号召力，他只有 25 岁，而且缺少个人气质和威风。令人可惜的是，哥伦布那位精力旺盛、才能出众的二弟巴塞洛缪此时还在法国，未能及时赶上船队参与这次西航。

1493 年 9 月 25 日，经过近 5 个月的准备，第二次西航船队终于从加的斯港出发了。从表面看起来，这是一支整齐壮观的船队，船员们充满信心、情绪高昂，远不像第一次西航时那样充满疑虑和恐惧。

这次出航非常顺利，8 天之内，船队就前进了 600 多海里。10 月 2 日抵达大加那利岛。10 月 5 日抵达戈梅拉岛，哥伦布简单拜会了女岛主比阿特丽丝夫人，命令船员将牛、山羊、绵羊、母猪、母鸡、加那利犬等一批家畜装上船，同时补充装载的还有甜橙、柠檬、甜瓜、枸橼和各种蔬菜的种子。看来，哥伦布准备在西印度群岛建立一个真正的殖民地，大干一场了。10 月 13 日，船队离开加那利群岛最西端的费罗岛，正式进入了大洋。

“邪恶已经降临到他们身上”

根据第一次西航的经验，哥伦布没有直接向正西行驶，而是选择了原航路偏南的一条航线，使得船队始终保持顺风航行。由此，哥伦布也发现了一条通往西印度群岛最短的航线。此后，在这条航线上，船只频繁往来达 500 年之久。

当哥伦布选择了向西偏南的航线时，也意味着他并没有打算直接驶往伊斯帕尼奥拉岛，而是打算在途中顺便发现新的岛屿。11 月 3 日黎明，一位年老的舵手大声叫喊着说自己发现了陆地，船员们万分欣喜。这时，距他们离开加那利群岛只有 20 天。在第一次西航时，从离开加那利群岛到发现圣萨尔瓦多岛，用了 33 天时间。

他们发现的这片陆地是小安的列斯群岛，因为当天正是万圣节过后的第一个星期日，所以哥伦布把他们发现的第一座岛屿取名为多米尼加岛（意为“星期日岛”）；相邻的另一座岛屿被命名为圣玛利亚·拉加朗特岛，这也是此次西航中哥伦布乘坐的指挥船的名字。哥伦布在多米尼加岛没有找到合适的停泊地点，便在拉加朗特岛一个背风的地点停靠下来，然后高举着西班牙王室的旗帜上岸，宣布以双王的名义占领该岛。一些船员在登陆的地点竖起一个十字架，另外一些人则去寻找树木和淡水。船员们发现了一种香料树，把树叶揉碎可以闻到一股丁香的味道；还有一种有毒的树，船员们触碰或品尝到其枝叶，就会舌脸肿胀。这种毒树就是毒胶苹果，加勒比人常用它的果实榨取毒汁制造毒箭头。不过，哥伦布并没有在这个岛上发现加勒比人。

11 月 4 日黎明前，船队起锚，向西方一个高高的岛屿驶去。在船队左舷一侧，他们看见了一个由四个小岛组成的群岛，哥伦布起名为托多斯洛斯·桑托斯群岛，而前方那个多山的岛屿则被他命名为圣玛利亚·德·瓜德罗普。瓜德罗普岛的风景非常壮丽，一座高高的火山山峰耸立云天，很多溪水从不同的方向顺着森林茂密的山坡涌流而下。更加接近该岛时，哥伦布看到了一副瀑布，似乎是从低矮的云层中倾泻而出。船队靠近瓜德罗普海岸，然后在岛的南面和西面做沿岸航行。岛上的加勒比人一看到他们，就逃离了自己的村庄。这天黄昏，船队在一个小海湾抛锚，以躲避东北信风。

第二天早晨，哥伦布派一个 10 人组成的小分队上岸，到瓜德罗普岛内地探查。但他们随即在那里失踪，一天过后仍未返回。哥伦布便派出四支队伍去寻找，每支队伍 50 人。寻找了 4 天之后，仍不见失踪船员的踪迹，于是有人怀疑他们已经被岛上的加勒比人吃掉了。正在这时，在一位土著老妇人的指点下，迷路的那批船员居然回来了。他们是幸运的，因为此时哥伦布已经决定，无论他们能否被找到，第二天船队都要开航。那四支寻找队伍虽然始终没有找到失踪的船员，却在岛上发现了加勒比人吃人的大量证据。

船队在瓜德罗普岛停留了 6 天。如果他们沿着偏南方向继续前行，就有可能发现美洲大陆。但是，在瓜德罗普岛的遭遇，使哥伦布担心起他首航时留在纳维达德的那 39 个人的命运。于是，他决定从小安的列斯群岛改向西北航行，前往伊斯帕尼奥拉岛。临走时，船队带走了 12 名十五六岁的女孩子、两个年龄相仿的肢体残缺的男孩、几个年龄较大的阿拉瓦克俘虏，还有几个加勒比人。

11 月 10 日日出时，西航船队中的 17 艘船只全部起航。一路上，他们发现了 20 个大岛和 40 个小岛，但没有做过多停留。11 月 22 日傍晚，船队抵达伊斯帕尼奥拉岛东南角，哥伦布以天使之名把它命名为圣拉斐尔角。

11 月 23 日早晨，船队朝西北方向沿海岸航行，不久就看到了萨马纳湾的巴兰德拉海角，这年年初“尼尼亚”号和“平塔”号就是从这里启程回国的。从萨马纳湾起，船队顺着信风沿伊斯帕尼奥拉岛北岸航行，一直走到蒙特克里斯蒂，两天航行了 170 海里。哥伦布想在蒙特克里斯蒂寻找一个比纳维达德更合适的殖民点，于是派人上岸。不祥的事情发生了。他们很快发现了两具被绳索捆绑着的尸体，第二天又发现了两具。所有尸体都腐烂得很厉害，无法辨认。但有具尸体留着大胡子，看起来很像是欧洲人。所有船员都深感不安。

11 月 27 日，船队离开蒙特克里斯蒂，朝纳维达德加速前进。他们本来可以进入卡拉科尔通道，但这时已是黄昏，去年圣诞节前夕“圣玛利亚”号触礁的事故仿佛还在眼前，哥伦布拒绝在黑暗中进入这条通道。于是，船只在近岸水域停泊，点起照明灯，向纳维达德城堡发出信号，但是城堡所在的地方却没有回应；哥伦布命令放了一阵伦巴德炮，也不见对方放炮回答。船员们猜想那里一定出了什么事故，留在那里的船员可能全都死了。晚上 10 点，一艘独木舟从岸边划来，船上的桨手一边划一边大声喊着：“统帅！统帅！”独木舟一直划到哥伦布的指挥船边，上面的人举起火把认出了哥伦布。这伙人为首的是大酋长瓜卡纳加利的堂弟，他带来两个金面具，一个送给哥伦布，另一个送给再次随同哥伦布出航的船长比森特·亚涅斯。他们向哥伦布保证说，留在纳维达德的西班牙人，除去病亡和在一次争吵中被杀的几个以外，其他人都安然无恙。他们还说，瓜卡纳加利在一次与另一位叫卡奥纳波的酋长的冲突中负了伤，所以没能亲自前来迎接哥伦布。而实际上，这些印第安人在船上逗留的三个小时中，做翻译的迭戈·科隆已经从他们的言谈话语当中得知了更加残酷的真相。迭戈把知道的一切告诉了哥伦布，哥伦布却拒绝相信。

11 月 28 日，船队航行到纳维达德附近的一个锚地。哥伦布派出一支特遣队上岸，发现了一座被烧毁坍塌的堡垒，满目废墟。这时，几个印第安人从远处露了露头，显得很诡秘。西班牙人一接近，他们就跑掉了。随后，船员们用印第安人十分喜爱的铜铃做诱饵，把瓜卡纳加利的堂弟引诱上船。他这才承认，所有单独行动的西班牙人都被卡奥纳波派来的人杀死了。他还说，瓜卡纳加利为保护西班牙人和自己的村庄，已经负了伤。哥伦布送了他很多礼物，让他转告瓜卡纳加利，说海洋统帅命令他亲自上船来汇报情况。

一整天过去了，瓜卡纳加利始终没有露面。重新搜索了堡垒废墟，也没有发现更多线索。哥伦布和昌卡医生沿着海滩步行到格兰德德河口，找到了一个中等规模的村庄。他们到达时，住在那些破烂棚屋里的土著人都逃跑了。经过搜索，他们在村里发现了许多从堡垒劫掠来的物品。当他们返回纳维达德废墟时，一些印第安人正在同西班牙人交换物品。这些土著人漫不经心地说起，有 11 具西班牙人的尸体就摆在堡垒旁边被杀死的地方。土著们还坚持说，他们是被卡奥纳波和他的同盟者马伊雷尼杀死的，因为这些西班牙人“每人都要在当地娶三四个老婆”，当地人相信，“邪恶已经降临到他们身上”。

彻底查明真相之前，需要先找一个更安全的永久殖民点。哥伦布便派出两艘船，分别前往岛屿的东部和西部进行考察。一艘船在考察了海地角港湾后返回，哥伦布觉得那里离锡瓦奥矿区太远。另一艘船在梅尔奇奥尔·马尔多纳的率领下来到现在的利贝泰堡海湾。在这里，他们见到了前来访问的瓜卡纳加利，发现他的确正躺在吊床上保养伤腿。瓜卡纳加利表示，自己非常渴望去会见自己的好朋友、海洋统帅哥伦布，他也进一步证实了卡奥纳波杀死西班牙人的说法。

从马尔多纳口中得到这个消息以后，哥伦布决定亲自前去会见那位印第安酋长。哥伦布带了100多名职员和水手，都身着极其华丽的服装，排成战斗队形，一路敲着鼓、吹着号，来到了瓜卡纳加利的驻地。瓜卡纳加利仍然坚持之前的说法。哥伦布借口给他疗伤，让昌卡医生解开了他腿上缠着的绷带，发现他的腿上并没有任何伤痕。瓜卡纳加利仍然故作镇定，说自己伤得很重。当天晚上，他便来到船上回访了哥伦布。

瓜卡纳加利离开后，哥伦布立刻召集会议，商讨如何处理这次严重的凶杀案件。教士布伊尔和其他许多人断定瓜卡纳加利一定逃脱不了罪责，要求逮捕并处死他。但哥伦布觉得，确定瓜卡纳加利是否犯了罪，还需要更多的证据。结果证明，哥伦布的谨慎是正确的。因为担心自己没有照顾好西班牙人，受到哥伦布的责怪，所以装作受伤，但是关于西班牙人如何被杀、堡垒如何被毁，瓜卡纳加利所说的一切都是事实。除了个别人因相互争夺黄金和女人内斗而死之外，大部西班牙人的确都死于马瓜纳酋长卡奥纳波的抓捕和袭击，因为他不允许有人在自己的领地内抢掠、敲诈、耀武扬威。

事实既然如此，但在处理瓜卡纳加利的问题上，由于哥伦布坚持己见，他还是得罪了布伊尔教士，在船队领导层中树立了第一个敌人。更重要的原因是，留守的西班牙人在岛上的胡作非为，卡奥纳波对他们进行杀戮，西班牙殖民者和印第安人能够相对和平相处的“黄金时代”就要结束了。但是，哥伦布能阻止手下人对印第安人展开残酷的报复吗？

对于哥伦布来说，纳维达德已被摧毁，眼下的当务之急是寻找一个新的殖民点，建立一座新的城市或堡垒。为了寻找这样一个地点，船队在恶劣的气候中逆风航行了 25 天，终于到达 32 海里之外一个长满树木的半岛。这一天，是 1494 年 1 月 2 日。这个地方是个避风的场所，近岸有个小平原，作为建城地点，勉强还算理想。但是，船上带来的牲畜都已奄奄一息。船员们有的病倒，有的累得筋疲力尽，都恳求统帅，不要再走了。于是，哥伦布便决定在这里建立一座城市，并以西班牙女王之名起名为伊莎贝拉。

哥伦布选定的这个地方，缺点非常明显：这儿没有一个港口，船队中较大的船只只能在离海岸半英里以外的地方抛锚；锚地可背信风，但其北面和西北面敞开着，不能抵挡冬季从北方来的大风；好的饮用水只能取自西南面大约 1 英里的巴哈方尼科河，但这条河流却不能通航。实际上，只要再向东 9 英里，他们就可以到达去年“平塔”号曾停留两三个星期的格拉西亚河；或者再向东 18 英里，就是第一次西航中哥伦布曾经见过的被陆地环抱的普拉塔港。从建城的角度来看，这两个地方的条件都要比伊莎贝拉优越得多。大概船员们的确太累太需要休息了吧，而且哥伦布也不想离开锡瓦奥黄金产地太远。不幸的是，他最终选择的，是一块“不宜健康的土地”。

随着伊莎贝拉城的修建，哥伦布和船上的移民之间的关系日趋紧张。哥伦布命令他们干活，为建城出一份力，而那些移民觉得，自己来到新大陆不是干活的，他们要的是黄金！并且，由于工作劳累、伙食粗劣，疾病迅速在船员和移民们中间传染开来。

抵达伊莎贝拉的第四天，哥伦布便组织了一个内陆远征队，前往锡瓦奥地区探查金矿。远征队的领头人阿隆索·德·奥赫达是一个头脑机敏的年轻人，副指挥是希内斯·德·哥尔瓦兰，整个队伍由 15 名武装士兵和印第安向导组成，连去带回共用了 15 天。途中，因为天气变坏、河水上涨、水流湍急，远征队刚到锡瓦奥边缘便折返了回来，但他们仍然带来了许多有关黄金以及土著性情和蔼、乐善好施的消息。哥伦布大喜过望，连忙给西班牙双王写信，希望短期内能贡献给他们像比斯开湾铁矿那样多的金子。

这份书信写于远征队回来的当天。哥伦布原本想等对锡瓦奥的开发正式开始以后，再把消息送回西班牙。但是，现实情况已经不允许他再无限期等待下去。在伊斯帕尼奥拉岛登陆的一个星期内，已经有三四百人病倒；当奥赫达率领的骑士从锡瓦奥附近回来时，伊莎贝拉的人口中有半数已经奄奄一息。于是，1494 年 2 月 2 日，哥伦布派安东尼奥·德·托雷斯率领 12 艘帆船回国。托雷斯是哥伦布十分看重的一个人，此时已被委任为伊莎贝拉城的要塞司令。他受命送回的至少有 300 多名病号，26 个来自不同岛屿的印第安人，货物则包括价值 1125 万马拉维迪铜币的黄金、大量被误认的“香料”、60 只鹦鹉等等。按照哥伦布指点的航线，托雷斯于 3 月 7 日抵达加的斯，历时五个星期。

托雷斯带回西班牙的书信早已遗失，但幸好还有一份哥伦布给双王的备忘录。为了防备其他回国的西班牙人因不满而提出对自己不利的指控，在这份备忘录中，哥伦布详细列举了带回的金子为何如此之少的种种理由，作为补救措施，他先送回一批加勒比人，名义上是让他们到欧洲受洗，而实际上是强迫他们为奴；请求尽快让三四条帆船返航，带回更多的食物、营养品、药品和衣物，以便有利于生病的船员恢复健康；哥伦布特别请求国王给船队中的某些高级职员增加薪水；建议把原本不在在职人员名单中的 200 名贵族人员添加进去，否则自己根本指挥不动他们；为了保证船队在开拓活动中的安全，他还要求供应 200 具胸甲、100 条火绳枪和 100 张弩。

西班牙双王答应了哥伦布的绝大部分要求，包括准许遣返给哥伦布带来不少麻烦的贝尔纳尔·德·皮萨。皮萨是王室指派来计算黄金数量的审计员，实际却是丰塞卡和索里亚安插在船队里监督哥伦布的一个暗探。托雷斯出航不久，哥伦布就在船只下锚处的浮筒中发现了一份文件，里面充满了皮萨反对哥伦布的恶毒指控，还有阴谋叛乱、夺取帆船的计划。得到这些证据后，哥伦布立即把他逮捕投入地牢，等待双王批准将他遣返回国接受审判。

揭露并平定了皮萨的叛乱阴谋之后，哥伦布下令把所有武器和最重要的装备，都安放在由他的弟弟堂·迭戈指挥的旗舰船上。安排好这一切之后，出于好奇，哥伦布决定亲自带领一支远征队前往锡瓦奥考察。在他离开期间，伊莎贝拉城的指挥权也交给堂·迭戈，虽然他知道自己的弟弟并没有这样的能力，他周围的许多人也或明或暗地对这样的安排表示了不满。为伊莎贝拉城埋下骚乱的种子之后，于 1494 年 3 月 12 日启程，率领远征队挺进锡瓦奥。

为了在陆地上造成可怕的声势，哥伦布率领的这支武装远征队阵容强大，所有不必驻守伊莎贝拉城的西班牙人都去了，既有全副武装的弓箭手、骑兵和贵族骑士，也有携带各种工具器械的木匠、伐木工、泥瓦工和修筑沟渠的人。出了伊莎贝拉城，哥伦布就命令人们排成战斗队形，高举旗帜，擎起长枪，吹响号角，偶尔还会放几发伦巴德炮弹。越过伊达尔戈山口后，远征队发现了一处优美的山谷，哥伦布将其命名为贝加雷亚尔，意思是“王家平原”。这一天是3月16日，他命人在这个山谷里修建一座小堡垒，取名“圣托马斯”，意在安抚那些不肯相信伊斯帕尼奥拉岛出产黄金的人。在《圣经》故事中，有个叫托马斯的耶稣门徒，不肯相信耶稣复活的说法，后人便把那些多疑的人称为“托马斯”。

远征队在贝加雷亚尔停留了5天。哥伦布认识到，锡瓦奥并不是西潘戈（日本），但是这里的确有丰富的黄金矿藏。短短几天时间，他们就从土著人手中公开收集到了价值1087万马拉维迪铜币的黄金，足以抵消第二次西航的筹备费用。至于队员私藏的黄金，更是无法统计。虽然，哥伦布严禁队员私藏金块，一经发现，轻则鞭打，重则割去耳鼻。但是这种严苛的做法也为他树立了一批敌人。

3月21日，哥伦布折返伊莎贝拉城，把开发建设圣托马斯的任务交给了副官佩德罗·马加利特，任命他为圣托马斯要塞司令，并拨给他52名士兵。3月29日，哥伦布回到伊莎贝拉城的时候，那里的情况已经很不乐观：整座城堡士气低落，许多留下来的病号都死了，粮食、酒和饼干也快吃光了，每个人都渴望回西班牙去。特别是一些贵族骑士，他们原本是想来这里发财的，结果却被强制从事繁重的体力劳动，抗拒不从者还要受到严厉的惩罚，这让他们极为不满和愤怒。

正当局面一片混乱之时，4 月 1 日，马加利特派来急使报告：住在锡瓦奥的大酋长卡奥纳波正准备进攻圣托马斯。哥伦布立即派遣 70 名武装人员前去增援。随后，他又派遣阿隆索·德·奥赫达率领 400 名强壮的小伙子和在伊莎贝拉制造麻烦的人，前往圣托马斯驻防。他觉得，这样既可以解除圣托马斯的危机，又可以减轻伊莎贝拉城局面无法控制的压力。但没想到的是，奥赫达率领的第二次远征队到达圣托马斯后，迅速耗尽了谷地中印第安人供应的粮食。于是，马加利特的人马在山谷里到处游荡，采取威吓、鞭打等手段强征食品，甚至连印第安人的首领也不放过。而且，他们还到处勒索黄金、强奸妇女、绑架人口。贝加雷亚尔这片优美的山谷从此陷入了深深的苦难之中。

对于这些头绪纷繁的事务和此起彼伏的冲突，哥伦布感到不胜其扰。他也觉得，奥赫达会平定骚乱的。但他自己考虑的事情是，如果锡瓦奥不是西潘戈，那么真正的亚洲大陆、真正的日本和中国又在哪里呢？16 个月以前，当他离开古巴的时候，他始终不认为那是一座岛屿，而是亚洲大陆的半岛。但是现在，到了他去确认这件事情的时候了。如果可能的话，他还想亲自拜见那位心情难测的中国大汗。于是，他指定了一个由他弟弟迭戈担任主席的委员会，要求他们在他离开期间管理伊莎贝拉的一切事务。4 月 24 日，他便带着三条装备齐整的轻快帆船向古巴驶去。

发誓古巴是亚洲大陆的起点

这次，久经考验的“尼尼亚”号是哥伦布的指挥船，另外两条是“圣胡安”号和“卡德拉”号。因为北岸和东岸已在首次西航时考察过，所以此次考察的首要目标是古巴南岸。出航的日子是当地航行的最好季节，信风劲吹，没有酷热。4 月 29 日，船队便抵达了古巴最东端的迈西角，并在岸上树起一个顶端有十字架的圆柱，重申西班牙对这个地方的统治权。在哥伦布看来，这一举动具有重大意义，因为直到去世，他都一直认为这个海角是亚洲大陆的起点。

4 月 30 日，船队经过尼格拉角，进入被哥伦布命名为格兰德的海港。这里就是关塔那摩湾，数百年后美国在此建立了其最重要的军事基地之一，在西班牙人到达的1494年，港口附近的海岸上还只有两座茅屋。在这里，船员们接受当地酋长的招待，享受了一顿用鱼做的丰盛的宴席。离开关塔那摩后，船队在35海里外发现了一条夹在峭壁之间只有160多米的水道，经过那里通往古巴的圣地亚哥湾。海湾周围有无数的村庄，土地和田园好像美丽的花园。船队在海湾内下锚，附近的印第安人立刻给他们带来了面包、水和鱼。这片地方非常利于农耕和贸易。20年后，西班牙探险家迭戈·德·贝拉斯克斯便在这里建立了古巴的第二大城市——圣地亚哥。

5月2日，船队离开圣地亚哥湾，沿古巴南岸考察，绕经克鲁斯角，折向南，于5月5日发现了牙买加岛。

当哥伦布的船队接近牙买加海岸时，六七十条独木舟满载着一边叫喊一边打着手势的印第安人划了过来。看来，他们准备与这群不速之客打一场海战。哥伦布命令一边继续航行，一边发射空弹，驱散了土著人。随后，他派遣印第安向导兼翻译迭戈·科隆乘坐小船前去安抚他们。很快，一只独木舟来到“尼尼亚”号旁边，接受了哥伦布送给他的旧衣服，并交换了一些小商品。哥伦布在这个名叫圣格洛利亚的地方只待了一个晚上。10年以后，正是在这里，他不光彩地结束了自己的第四次也是最后一次西航。

5月6日，哥伦布向西航行，到达布埃诺港。在牙买加，这也是唯一至今仍保留着哥伦布所取的名字的地方。船队在这里停留了三天，补充了给养，整修了船只。但让哥伦布失望的是，和在古巴及牙买加其他地方一样，并没有发现黄金，连黄金饰品都没有！5月9日，船队又向西航行了34海里，到达现在名为蒙特哥湾的地方，哥伦布当时把它命名为“好天气湾”。可是，仅仅四天之后的5月13日，当船队正准备继续西航的时候，天气突然变坏，哥伦布不得不下令返回古巴，并于5月14日抵达克鲁斯角。

在克鲁斯角里边不远处，哥伦布发现了一个印第安人村庄。使他大为惊异的是，那里的人都听说过他，并盼望着他的到来。不过，他并没有在这个友好的地方过多停留。当天，船队就沿着古巴海岸向东北方向驶去。第二天日出时分，船员们在前方看到了一片布满岛屿的海面，岛上都长满了树木，繁茂青翠。越往前进，发现的岛屿越多，有一天竟然记下了 164 座岛屿的名字。哥伦布把这些岛屿集体命名为哈尔丁·德·拉雷纳，意思是“女王花园”。这个群岛从瓜卡纳亚沃湾一直延伸到特立尼达，长达 130 海里。在数以百计的珊瑚礁之间，狭窄的航道蜿蜒曲折，像迷宫一般，船只随时有触及水底或陷入泥沙的危险，航行十分艰难。令人惊奇的是，“尼尼亚”号虽然的确曾陷在泥沙里数小时之久，但损伤不大，船队也终于化险为夷，逃脱了一场灾难。

驶过女王花园，考察了古巴海岸几处海湾，又发现了几十座岛屿之后，哥伦布率领船队沿古巴南岸西航，先后到达奥尔诺费地区和猪湾。再往前，绕开彼德拉斯岛、驶过卡索尼斯湾之后，船队忽然进入了一片白色的海域，“海水像牛奶那样白，像制革工人鞣皮的水那样黏稠”，水深还不到 4 米。船员们发现自己已经进入一条非常危险的航道，船只既冲不出向他们吹来的大风，也找不到下锚的地方，只能拖着锚擦着底部走，一直走了 26 海里，才在一个岛屿附近找到合适的锚地。船队刚才经过的这片地方，就是萨帕塔半岛外海的哈尔迪内斯珊瑚礁浅滩。

5 月 27 日天使节，船队抵达萨帕塔半岛西端的一个岬角，哥伦布把它命名为塞拉芬角。在这里，哥伦布发现北方有一片很高的山脉，他决定朝那里驶去。第二天，船队在一片很大的棕榈林外抛锚。那里有许多甘美的水泉，还有人类活动的痕迹。随后，船队沿着许多岛屿航行，经历了两个昼夜之后，抵达之前看到山地。那是一座浅红色的山脉，非常高大。原来这两天他们全都是绕着它走的。由于泥泞和丛生的红树林，船员们无法靠岸。在这里稍事休整以后，船队便驶向南方，然后向西，再向西南，最终在达科尔特斯湾停了下来。

实际上，6 月 13 日哥伦布抵达的达科尔特斯湾，距离古巴西南端的科连特斯角已经不足 50 海里，他只要再坚持朝这个方向走不多远，就会发现古巴其实只是一个海岛，而不是什么亚洲大陆的半岛。奇怪的是，就在这时，他下令船只不再前进。他根据自己计算的航行距离、沿途经过的岛屿和听到的一些传说，坚持认为那些岛屿是马来群岛的一部分，而古巴是中国的蛮子省，古巴向南延伸的部分则是黄金半岛或马来半岛。同时，为了避免因过早返回而使自己遭到责难，哥伦布还要求全部船员签署证明，说他们也同意古巴是亚洲的一个半岛，而且没有必要再往前去。当然，哥伦布做出这个决定也有现实的原因：由于船只经常在浅滩中搁浅而漏水，船具需要更新，大部分食品也被海水损坏，船员们常常不得不一边忍饥挨饿一边进行着繁重的工作。总之，船员们早已精疲力竭，充满了担忧和不满，唯恐再也回不到伊斯帕尼奥拉岛上去了。所以，他们也乐于在哥伦布要求他们签署的证明上写下自己的名字。

返航的行程也并非畅通无阻，何况哥伦布还是个一有机会就会去尽力探索发现的人。6 月 13 日离开达科尔特斯湾后，船队很快又陷入珊瑚礁和浅滩的包围之中，逆着强烈的信风在狭窄的航道中盘桓两个星期之后，只取得了很少的进展。随后，在遍布白色海水的哈尔迪内斯浅滩，又遭遇了使人困乏不堪的暴雨。这是一段最累人又最令人沮丧的航程，足足航行了 25 天，船队才终于从这片礁滩和红树林交错的沼泽地带摆脱出来。7 月 7 日，船队到达特立尼达山麓的圣胡安河下锚泊船，稍事休整。第二天又离开锚地，进入大海。为了避免在岛屿密布的女王花园中逆着海风前行，哥伦布决定从外海绕过，没想到又遇上了更强烈的顶头风，而且一路上天气极坏，所有的人都在抱怨，害怕淹死或饿死。就这样，伴随着无尽的危险和苦难，船队终于于 7 月 18 日抵达克鲁斯角。

在克鲁斯角，印第安人友好地接待了他们，给他们带来了木薯食品、鱼、水果及其他可吃的一切东西。休息了两三天之后，东来的信风仍不见停止，哥伦布决定暂时放松一下，向南偏西方向行进，完成他对牙买加的考察。在牙买加，哥伦布受到了更加友好热情的接待。8 月上旬，在船队停泊的波特兰湾附近，山坡上一个大村庄的酋长不但带来了丰富的食物，还通过迭戈·科隆与哥伦布进行了长时间的交谈。酋长甚至要求带着自己的家属，和哥伦布一起回西班牙，去觐见双王。但考虑到此前被俘虏的大多数印第安人的不幸命运，哥伦布婉言谢绝了他的请求。

8 月 20 日，船队终于越过向风海峡，到达伊斯帕尼奥拉岛西南端的萨沃纳角。如果要回北岸的伊莎贝拉城的话，从这里向东北行驶绕过圣尼科拉斯角，应该是最便捷的途径，但哥伦布决定，在回伊莎贝拉之前，还是要先考察一下伊斯帕尼奥拉岛南岸。8 月底，当船队到达圣多明哥湾中的海尼亚河时，哥伦布派了 9 个人上岸，命令他们从陆路前进，横越贝加雷亚尔，访问圣托马斯，然后经伊达尔戈山口到达伊莎贝拉城，通报他即将回城的消息。这些人最终成功完成了哥伦布交给他们的任务。

9 月，当大风袭来的时候，哥伦布在伊斯帕尼奥拉岛东南端绍纳岛背后的一个港湾里停泊了很久。安然度过风暴之后，船队驶离绍纳岛。哥伦布本想前往附近的波多黎各岛，顺势发动一场对加勒比人的远征。就在这时，他忽然得了严重的晕病，高烧不断，时而昏迷，时而妄语。这大概是由于长期的过度操劳、睡眠不足和营养不良而造成的。于是，其余的船队负责人一致决定，放弃对加勒比人的攻击，尽快回到伊莎贝拉城去。9 月 29 日，船队在伊莎贝拉城靠岸，这时距离他们离开该城已经 5 个月零 5 天。

统帅的错误结出了最初的苦果

船队在伊莎贝拉城外停泊时，第一个登上“尼尼亚”号来看望哥伦布的竟是他阔别已久的弟弟巴塞洛缪。实际上，哥伦布第一次西航回到西班牙后，就写信给巴塞洛缪，要他到西班牙来；法国国王也把这一消息告诉了他，并赐给他100枚法国硬币作为旅费。但巴塞洛缪赶到塞维利亚的时候，哥伦布已经从加的斯港出发，开始第二次远航。在塞维利亚，巴塞洛缪又收到哥哥一封信，要求他带领两个侄子迭戈和费迪南德去西班牙宫廷，因为女王已经答应让他们成为堂·胡安王子的侍从。巴塞洛缪给双王留下了良好的印象，很快被封为骑士，并留在了宫廷中。1494年3月，托雷斯率领12艘帆船回到西班牙，向双王报告说，伊斯帕尼奥拉岛急需粮食和药品。于是，双王命令巴塞洛缪率领3条装满补给品的帆船前去救援。5月初，这个船队从安达卢西亚港口出发。6月13日抵达伊莎贝拉。

兄弟久别重逢，是一件让哥伦布无比快慰的事。巴塞洛缪还给他带来了一封双王的抚慰信，信中答应还将继续增加他急需的补给品。但是，他5个月前离开时所犯的错误也已结出了苦果。哥伦布在古巴和牙买加考察期间，留守伊莎贝拉城的堂·迭戈无法应付局势。负责开发圣托马斯的马加利特不顾哥伦布“不得伤害印第安人”的命令，在奥赫达据守营寨时，他就带人四处敲诈勒索、强奸妇女，印第安人稍有反抗，便施以威吓、拳打和鞭抽等残暴的惩罚。堂·迭戈写信命令马加利特改过自新。马加利特反倒认为是打了他这个骑士的耳光，怒气冲冲地回到伊莎贝拉，纠集起一个反叛小集团，夺取了巴塞洛缪带来的三条轻快帆船，扬帆远航。在这个反叛集团中，另一个重要人物是布伊尔教士。1494 年 11 月，反叛集团回到西班牙，布伊尔教士随即前往宫廷觐见双王，对哥伦布兄弟百般诋毁，同时宣称，伊斯帕尼奥拉岛既没有黄金，也没有其他有利可图的东西。

哥伦布虽然正卧病在床，但还是把职权从软弱无能的迭戈手中接管了过来。可是，局面实在已经糟糕透顶。马加利特留下的士兵和一群心怀不满的移民在岛上无恶不作。哥伦布不但不处理这些叛变分子，反而派出一支军队，到内地追击印第安人，结果 1500 多名可怜的无辜者被带到了伊莎贝拉。

1494 年 10 月初，托雷斯率领的 4 条补给船到达伊莎贝拉，并带来一封双王的信。当时，西班牙和葡萄牙两国正在谈判，要在大西洋上划出一条新的分界线，双王希望哥伦布回去帮助他们。对哥伦布来说，这是一次从泥潭中脱身的好机会，也可以借机回西班牙戳穿布伊尔教士诋毁他的谎言。但是，他并不想把岛上的烂摊子留给弟弟们。

哥伦布首先要做的是，在真正找到锡瓦奥金矿并获得大量黄金之前，寻找一个新的财富来源。他的目标对准了印第安人，把他们送到塞维利亚的奴隶市场上去出售；尽管在此之前西班牙双王已经暗示哥伦布，他们并不太赞成这种奴隶贸易，而希望把土著人变成真正的基督徒和生产劳动者，这也是哥伦布自己多次对外宣称的说法。是在情急之下，哥伦布已经顾不了那么多了。

1495 年 2 月 24 日，托雷斯指挥 4 条轻快帆船返回西班牙，船上装载了大约 500 名印第安俘虏，其中大约 200 人死于途中，剩下的在到达塞维利亚以后，也差不多全都死掉了，因而“这个买卖几乎无利可图”。此前一段时间，在哥伦布进行的惩罚性远征中，被俘虏的印第安人共有 1500 人，除去被赶上船的那 500 人之外，600 人被分配给伊莎贝拉城的西班牙人，其余 400 名老弱病残又被赶了回去。这期间，他们还抓获了一位叫瓜蒂瓜纳的酋长和两名下级首领，但结果都逃掉了。

印第安人开始激烈反抗这些肆无忌惮的入侵者。瓜蒂瓜纳多次表示要把西班牙人都赶下海去，为此还调集了一支规模可观的军队。另一位印第安酋长瓜卡纳加利却坚守着与哥伦布的口头盟约。伊斯帕尼奥拉岛其他地区的酋长大都保持着观望状态，天真地认为如果不触犯这些西班牙人，他们就不会侵扰自己。1495 年 3 月 29 日，哥伦布和奥赫达带领 200 名步兵、20 匹马和 20 只猎犬，会同瓜卡纳加利率领的印第安同盟军，从伊莎贝拉出发，前去与瓜蒂瓜纳的军队交战。结果，瓜蒂瓜纳的军队被彻底击溃，西班牙人也抓获了另外一大批奴隶。

卡奥纳波是哥伦布要讨伐的另一个人，因为他是摧毁纳维达德城堡并杀死西班牙留守人员的罪魁祸首。这次，奥赫达只带了 10 个骑兵前去。到达锡瓦奥山脉南坡卡奥纳波的驻地后，西班牙人以一副铜钟作为诱饵，骗他访问伊莎贝拉。随后，奥赫达拿出一副锃亮的手铐和脚镣，说这是用黑色的黄铜制作的佩饰，只有西班牙国王这样的人物在节日骑马时才会佩戴。卡奥纳波就这样满心欢喜地被套上枷锁，被送进了伊莎贝拉的牢房。

随后，卡奥纳波的内弟哈腊瓜酋长贝赫奇奥又在组织队伍，企图进行抗争。但他也很快败在了奥赫达率领的骑兵铁蹄之下，被作为俘虏带回了伊莎贝拉。紧接着，哥伦布在锡瓦奥一带进行了一次凯旋式的进军，终于平定了这个地区。

现在，哥伦布认为，是他回西班牙保护自己利益的时候了。不过，1495 年 6 月的一场飓风撞碎了 6 艘船中的 4 艘，他不得不就地另外打造两艘小船。在 1496 年 3 月哥伦布启程回国之前的几个月中，哥伦布兄弟到处忙于征服伊斯帕尼奥拉岛。他们还计划在岛屿内地建立三座以上的堡垒作为基地，同时派军队在岛上巡逻，强迫惊恐万状的土著人进贡黄金并服从总督的统治。事实上，伊斯帕尼奥拉岛的土壤和河床中的黄金并没有想象的那么多，西班牙人初次到来时看到的看似很丰富的黄金饰品，其实是好几代土著人逐渐积累的结果。

对哥伦布自己来说，最大的悲剧则在于，在他准备返回西班牙时，居然把全部权力移交给了自己的弟弟巴塞洛缪。早在 1495 年 4 月，一支 4 条轻快帆船组成的船队在胡安·阿瓜多的率领下已经抵达伊莎贝拉。西班牙双王听了布伊尔教士和其他几百名回国的不满分子的控告后，半信半疑，于是派阿瓜多来到伊莎贝拉，调查哥伦布作为总督和地方长官的作为。一到达伊莎贝拉，阿瓜多就宣读了一封委任状，说自己是双王的内侍并将代表双王发言。随后，他开始撤销代总督巴塞洛缪的命令、听取控诉、捉拿人犯，并暗示自己已执掌总督职权。这时，哥伦布恰恰外出远征，不在城中。回来后，对这位篡位者，哥伦布采取了容忍和谦和的态度。这也加强了他尽早赶回西班牙的决心，至少得赶在阿瓜多呈送报告之前面见双王。在离去之前，他给代总督巴塞洛缪的最后命令是，在他不在职期间，要兴建一座新的城市，以取代伊莎贝拉。显然，他已经意识到伊莎贝拉并不是一个令人满意的建城地址，除了防御风浪上的缺陷以外，事实也已证明附近并没有产金的土地，而贝加雷亚尔一带经过多番袭扰也已遭到破坏。

做好这个安排以后，1496 年 3 月 10 日，哥伦布终于结束了第二次西航，启程回国。哥伦布搭乘“尼尼亚”号，负责调查他的阿瓜多则乘坐另一艘新造的轻快帆船“印度”号。这是一支只有两艘船的小船队，但船上竟挤满了 225 名西班牙人和 30 个印第安俘虏，以致回程中食物供应成了严峻的问题。在瓜德罗普岛，他们又遭到了加勒比人的攻击，在对方密集的箭雨下，落荒而逃。

6 月 11 日，他们回到加的斯港的时候，个个面黄肌瘦、疲惫至极，首航归来时那种热烈的欢迎场面却不见了。与四年前相比，这次哥伦布自己也要谦逊和低调得多。在加的斯港一上岸，他就穿上了方济各会修士的褐色粗布衣服，摒弃了显示他那海洋统帅身份的豪华服饰。从此，这种不起眼的衣物也成了他在西班牙最常用的装束。在西班牙旅行，他不再经常出入贵族豪门，而更愿意安静地待在修道院中。这是不是意味着他隐约感觉到了自己犯下的错误和罪过，从而显露出了某种忏悔的心思？至少，几年以后，当他说出“我犯过的错误绝非出于恶意”这句话时，也许不只是一种抱怨和辩解。

第六章
抵达美洲大陆的边缘

西航不过是个无利可图的骗局?

1496 年 6 月，哥伦布刚回到西班牙的时候，暂住在洛斯·帕拉西奥斯副牧师安德烈斯·贝尔纳德斯家里，一边等待双王召见，一边休养身体，闲暇时则向主人讲述西航的经历和新世界的奇闻逸事。

一个月后的 7 月 12 日，哥伦布终于收到双王发来的一封信函，对他平安回国表示高兴，并希望他尽快前往宫廷会见他们。这时的西班牙宫廷远在马德里东北 100 多英里的阿尔马桑。不过，在贝尔纳德斯家里，哥伦布已得到很好的休息。他带领一队人马从塞维利亚出发赶往双王驻地。为了显示西航的成果并堵住那些造谣者的嘴，他带上了色彩艳丽的鹦鹉、戴着金项圈的印第安俘虏，还有王冠、面具、腰带和棉织品等许多印第安人使用过的物品。

在去往宫廷的途中，哥伦布听说宫廷正在迁往布尔戈斯，于是他急忙赶去，看望先期到达那里的他的两个儿子。几天以后，双王抵达。他们优待有加地接待了哥伦布，并接受了他献上的印第安俘虏和战利品。尽管阿瓜多在报告中对哥伦布有诸多不满，但哥伦布却认为，双王仍然对自己在航行中的作为和成果表示满意。这些诽谤言论虽然已经在宫廷里给他制造许多了敌人，但只要有双王的支持，他并不在乎这些。他不失时机地向双王提出了第三次西航的建议。他的要求是：立即拨给他 8 艘船，其中两艘运载粮食驶往伊斯帕尼奥拉岛，另外 6 艘去寻找一个大陆，因为他从印第安人提供的各种线索中得知一定存在这样一个大陆。

双王答应了哥伦布的要求，但要他等待明确的诏令下达。这一等，就是两年。经过两次西航之后，哥伦布的“印度事业”在西班牙已经不再是不可思议的新奇事物。因为回来的船员并没有获得了不起的财富，另外一些人的诋毁更让普通西班牙人觉得这不过是一个无利可图的骗局，所以除了强迫，很少有人愿意参加这“愚蠢”的冒险行动了。双王虽然非常信任哥伦布，但是他们现在更关心的事情是：消除法国此前对意大利入侵的不利影响，巩固他们在那里的权利。所以，他们要通过一系列联姻来增强西班牙的影响和实力。一年之内，西班牙的王位继承人堂·胡安王子迎娶了哈布斯堡公主玛格丽特、双王的幼女堂娜·胡安娜嫁给了玛格丽特的哥哥菲利浦公爵、长女堂娜·伊莎贝拉嫁给了葡萄牙国王堂·曼努埃尔。因为这些事情，既占据了双王很大的精力，耗费了巨额金钱，又占用了大量船只。130艘装备得富丽堂皇的船只先护送堂娜·胡安娜去佛兰德和菲利浦公爵成婚，然后带回玛格丽特和堂·胡安结婚。并且，哥伦布成功预言了哈布斯堡公主到达的日期，大大增加了双王对他的信任。

1497年4月3日，哥伦布出席了堂·胡安王子和玛格丽特公主的婚礼。4月23日，双王就为哥伦布第三次西航发布了第一道诏令，进一步明确哥伦布的权力、头衔和特权。6月15日，双王又发布一道诏令，其中有一条确认了巴塞洛缪为西印度地区的代理总督，享有一切总督应该拥有的权力。6 月 22 日，双王发布第三道诏令，允许哥伦布将普通刑事犯迁移到伊斯帕尼奥拉岛，只要他们不犯有异端邪说罪、辱没陛下罪、叛逆谋反罪、铸造假币罪、贩卖禁运物品罪或鸡奸罪等；在伊斯帕尼奥拉岛期间，加倍冲抵刑期，十年可抵无期徒刑；愿意永久居留那里的刑事犯，则将免于服刑。由于许多西班牙人此时已不愿意参与远航，双王的这道诏令才使哥伦布摆脱了困境，很快就招满了移民和船员。

但是，浩大的战争、王室的婚礼以及各种外交谈判，已经耗费了西班牙国库大量的金钱，双王从儿女的嫁妆和彩礼以及拍卖奴隶的收入中，借支了一笔费用，但是所筹费用远远不达预期。哥伦布因此伤透了脑筋。以至于船队出航后，他甚至没有钱给船员支付薪水，也没有钱支付赊欠物品的货款。这让他的第三次西航障碍重重，他也经常为此感觉疲惫不堪。

1498 年 1 月 23 日，由“尼尼亚”号和“印度”号组成的运粮船队先期从桑卢卡尔港开航。两只船分别由佩德罗·弗朗西斯和胡安·百慕德斯担任船长，佩德罗·费尔兰德斯·科罗内尔担任船队总指挥。不久，他们抵达了伊斯帕尼奥拉岛新建的城市圣多明各。直到 1500 年，英雄的“尼尼亚”号仍然停留在那里。

1498 年 5 月 30 日，由 6 条新打造好的船只组成的第三次远航船队，也终于从桑卢卡尔启程了。其中 3 条被哥伦布指定专门运送人员和食物去伊斯帕尼奥拉岛，船长分别由哥伦布充分信任的 3 个人担任。另外 3 条则作为探险船只，由哥伦布亲自率领。又一次伟大的西航开始了。

此次西航的首要目的是：探察大洋西面某个地方是否有个很大的大陆躺在赤道之上。葡萄牙国王堂·若奥二世就持有这个观点，一直坚持将葡萄牙与西班牙两国势力范围的分界线向西移。哥伦布此行就是要验证他的这个意见，如果假定的新大陆在分界线以西，那么新大陆将成为西班牙王冠上的另一颗宝石。西航的次要目的是发现比安的列斯群岛更偏南的土地。按照古希腊哲学家亚里士多德的观点，纬度相同的地方，产品也是相同的。安的列斯群岛以南的假想陆地与盛产宝石、黄金、香料的非洲几内亚纬度相近，那么这些陆地应该比伊斯帕尼奥拉岛更加有利可图。所以，哥伦布希望此次航行能发现堂·若奥想象的大陆、新的岛屿或者他自己向往已久的亚洲大陆，并在那些地方找到大量财富。

哥伦布出发的时候，西班牙和法国的战争尚未结束，据说有支法国舰队正待在圣维森提角，等待抢劫他的船队。因此，他决定避开这个自己熟悉的地方，先沿非洲海岸南下，绕行圣港岛，再前往加那利群岛，从那里进入大洋。6 月 21 日，在加那利群岛中的费罗岛附近，哥伦布与开往伊斯帕尼奥拉岛的 3 条船分手，他自己率领另外 3 条船继续向南，前往佛得角群岛。

发现一个前人未曾到过的大陆

6 月 27 日，船队抵达博阿维斯塔岛，并在那里抛锚停泊。在船上，哥伦布接待了这个岛屿的葡萄牙总督堂·罗德里戈·阿方索。他原本想在这里补给一些食物，但这里除了黑山羊和海龟之外，最有名的便是麻风病人。海龟肉和海龟血是来此疗养的麻风病人主要的药物，至于这里盐腌的黑山羊肉，则被哥伦布的船员们认为是世上最难吃的肉食之一。

船队于 6 月 30 日晚上开航，第二天傍晚在圣地亚哥岛的大里贝拉附近抛锚。哥伦布在圣地亚

哥岛停靠的目的是想弄一些当地的野牛上船，结果一头也没有弄到。但是，他听岛上的居民说，距此不远的福古岛西南方好像有个神秘的岛屿，就是葡萄牙国王若奥二世曾经打算寻找的地方。7 月 4 日，船队向西南方那个神秘的岛屿驶去，顺着柔和的夏季季风缓慢航行了 9 天。7 月 13 日，风停歇下来。这时，他们已经处于北大西洋上的赤道无风带，夏季里整个海域没有一丝风、酷热难耐，装水和酒的木桶桶箍折断、炸裂开来，熏肉和咸肉也被烤软、慢慢腐烂。在这样难熬的天气下，他们又航行了 17 天，所有船员都感觉快要撑不住了。

7 月 31 日，哥伦布估计已经到达加勒比人居住的安的列斯群岛的南部，而船队在赤道无风带中又耗去了大量淡水，所以他决定在搜寻那个传说中的大陆之前，先就近去某个岛屿补充淡水。于是，他命令船队改变航向，向北偏东方向行驶。历史往往就是这样荒诞，假如哥伦布不改变航向，而是继续向西南航行，就会到达南美大陆的马拉尼昂河口，即现在巴西的圣路易港。要真是那样的话，哥伦布就真的找到他要寻找的大陆了。

但是，哥伦布的决定也给他带来了一点幸运。7月31日中午，一名叫阿隆索·佩雷斯的船员爬上瞭望台，看到了西方有一块像3座小山一样的陆地，距离大约为45海里。所有的船员都欢呼起来。哥伦布则按照自己的习惯，给这个岛取名为“特立尼达”，意思是“圣父、圣子和圣灵三位一体”，以感谢上帝的特殊恩典。特立尼达岛的发现也是一种巧合，因为此时船队正从该岛的远处向北偏东方向行驶，如果不是阿隆索·佩雷斯碰巧在那个时刻爬上了瞭望台，这个岛屿一定会被错过；如果按照原来的航线一直航行下去，船队就有可能在当晚与险峻的达连礁相撞；船队于次日到达多巴哥岛。

无论如何，哥伦布还是幸运的，他决定再次改变航向，向特立尼达驶去，晚上9点左右抵达该岛东南部的加莱拉角。此时，哥伦布的指挥船上只剩下一桶水了。8月1日，船队沿着风景喜人的海岸航行了15海里，试图寻找一处临近河流的海湾，停船整修并补充淡水。哥伦布找到的这个地方名叫埃林湾，有几条小河流注入其中，靠近一片黄色沙滩的地方是一处良好的锚地。靠岸停泊以后，人们兴高采烈地提着小水桶上岸，到一条横贯海滩的小河里取淡水。在这里，他们没有看到人类活动的痕迹。但是，在进入海湾之前，绕过埃林角时，哥伦布和他的船员们事实上首次看到了美洲大陆，只是他们都没有意识到那是大陆而已。他们看到的那个地方是委内瑞拉的邦贝多尔角，属于奥里诺科河三角洲的一部分，但从埃林角望去，却很像一个岛屿，哥伦布也正是这样猜测的，给它取名为圣岛。从埃林角到邦贝多尔角的实际距离不到 10 海里，而哥伦布的估计却达到了 60～75 海里之远。就这样，哥伦布与他要发现的大陆又一次擦肩而过了。

8 月 2 日，海上吹起东信风，而埃林湾防卫东风的能力很弱，于是船队起锚，绕过伊卡科斯角，经锡厄佩海峡（意为“蛇口海峡”），进入帕利亚海湾，在特立尼达岛西南角下碇。就在这时，一条大型独木舟突然向锚地划来，船上大约坐着 25 名年轻的印第安人。划到离大船一个安全的距离时，独木舟停了下来，上面的印第安人开始“嗨嗨”地呼喊起来。哥伦布命令船员拿起铜便壶和其他一些闪闪发光的东西，站在船舷边舞动，希望能引起对方的注意。印第安人驶近了一点，但他们对铜便壶并不感兴趣。哥伦布又命令船员拿出笛子和手鼓，一边吹吹打打，一边蹦蹦跳跳。这下，印第安人惊呆了，以为这是向他们发出挑战的意思，急忙拉弓搭箭朝哥伦布的船队射来。这一会儿工夫，独木舟已经漂流到船队旁边。一位年轻的领航员带着礼物勇敢地跳到独木舟上，印第安人这才放下心来。他们打着手势说，西班牙人可以上岸拿走他们喜欢的任何东西。随后，印第安酋长戴着金制王冠登上指挥船拜访了哥伦布，并与哥伦布互换了帽子。随后，那批印第安人突然离开了他们，再也没有出现过。

8 月 4 日，船队起锚，准备向北乘风前进。这时，船员们看到身后的锡厄佩海峡出现了一种奇怪的涨潮现象：像船一样高的滚滚浪潮铺天盖地从西往东涌来，在船队附近又遇到一股反方向的白色波浪。两股海流相互撞击，发出震耳欲聋的声响。滔天巨浪一会儿将船只高高抛起，仿佛要腾空而起；一会儿又将船只压得很低，仿佛要沉入海底。哥伦布急忙命令船队加速离开，进入海湾。

经过这个令人惊恐万状的场面后，船队平安地横渡帕利亚湾，朝北边一座山脉驶去，当晚到达塞莱斯特湾停泊。此时，帕利亚湾正平静地躺在船队的南边，它的大部分海岸都无法见到，哥伦布猜想他们正置身于一片多岛屿的海上；虽然他发现海湾里的水是淡水，更远些的海洋里也是淡水，但没有意识到这是大陆上的河流汇流入海的地方，也没有意识到船队正处在一个被陆地包围的海湾里。从塞莱斯特湾向西，可以看到一望无际、连绵不断的山脉和崎岖不平的岬角，他决定次日向西沿岸航行，寻找另一个出海的通道。

8 月 5 日，船队从塞莱斯特湾出发，先往南再往西，经过了一些非常良好的港湾，然后在 5 海里外的一个港湾内停泊，派人乘坐小船上岸。这个港湾就是现在委内瑞拉帕利亚半岛上的阿库阿湾。哥伦布船队的到来，使这里成为欧洲人在美洲大陆首次登陆的地点。但很可惜的是，哥伦布和他的船员们都没有意识到这一点。在这里，上岸的西班牙人发现了鱼、火和一栋大房子，还发现了葡萄、樱桃李之类的水果，但是印第安人都已逃进灌木林。在稍事停留后，船队继续西航，第二天到达山脉尽头，在山脚的圭里亚河内停泊，当地人把这一带叫作“帕利亚”。由于哥伦布眼睛发炎，留在船上；同时派人上岸，以西班牙双王的名义宣布对帕利亚地区实施占领。这是西班牙在美洲大陆宣布占领的第一块地方。但是，哥伦布本人未能上岸。

在与帕里亚人的交往中，船员用铜铃、珠子和糖块等交换了当地的特产的水果，还有一种用玉米制作的饮料。最让哥伦布兴奋的是，当地人脖子上挂着光洁的金盘。这种金盘是用一种金铜合金制成，当地人称为“瓜银”。这意味着，这里的印第安人已掌握了较高的金属冶炼技术，他们的文明程度比哥伦布之前看到的印第安土著要高得多。

虽然已经到达美洲大陆，但哥伦布却仍然相信船队是在一个海岛旁做沿岸航行，一直想找一条进入公海的通道。他本来希望彻底考察整个帕利亚湾，并找到淡水的发源地。但是，他猜想，代总督巴塞洛缪需要他到伊斯帕尼奥拉岛去，那里也需要他供应粮食。8 月 13 日，船队从帕利亚海湾北口龙口海峡驶出。在这里，他又看到一个惊人的场面：帕利亚海湾里的淡水要从这里流出，外海里的淡水要从这里涌入，两股水流互相撞击形成巨大的浪潮，发出震耳欲聋的响声。那种“一切都要完了”的感觉，丝毫不亚于此前在锡厄佩海峡遇险的经历。

离开帕利亚海湾后，船队进入公海，向北行驶，离南美洲大陆越来越远。途中，哥伦布远远看见了现在的格林纳达岛国，他还把前方新发现的岛屿命名为玛格丽塔岛，但他没有在那里停留。这又让他又丧失了一个机会，因为玛格丽塔岛海域是个盛产珍珠的地方。

在离开玛格丽塔岛之前，哥伦布已经意识到，他刚刚沿岸航行过的帕利亚地区并不是一个岛屿，而是一个大陆，因为除龙口海峡外，他沿这片陆地内外两侧航行都没有找到联通外海与海湾的其他海峡。他认为，这是一个古人、甚至马可·波罗都未曾到过的新大陆（这是正确的），离他心目中的东方印度地区并不远（事实上并非如此）。做出这样的判断以后，哥伦布兴奋地想，应该对这个大陆做进一步考察。但他已经没有时间了：他准备送给伊斯帕尼奥拉岛移民的供应品正在腐烂，他的弟弟巴塞洛缪大概也正需要他控制岛上的局面，船队中的人已经疲惫不堪、牢骚不断，他自己的双眼由于缺少睡眠正在发炎。于是，8 月 15 日，哥伦布率领船队离开了新发现的大陆，朝伊斯帕尼奥拉岛方向前进。

海洋统帅成为阶下囚

8 月 19 黄昏，哥伦布远远看到一片熟悉的陆地，那是由他命名的圣凯瑟琳岛，1494 年第二次西航时他到过那里。现在，他决定把该岛更名为贝阿塔岛。8 月 20 日早晨，船队驶近贝阿塔岛，在该岛和相邻的另一座小岛之间停泊。那个小岛上有个陡峭的小山，从远处看就像一面风帆，于是哥伦布给小岛取名为阿尔塔 · 贝拉，即“高大的风帆”。这里距离伊斯帕尼奥拉岛新建的城市圣多明各大约 100 英里。

船队刚一抛锚，哥伦布就派人乘小船登陆，找印第安人去圣多明各给代总督巴塞洛缪送信。很快，一个印第安人被带回船上，那人带着一张弩，还有绳索、箭和箭托。印第安人什么时候佩带上这种致命的武器了？哥伦布心里闪过一丝不祥的预感。幸好，巴塞洛缪刚好驾船经过附近。第二天，兄弟俩便高兴地见面了。

8 月 22 日，哥伦布的船队和代总督巴塞洛缪的船只离开贝阿塔岛；8 月 31 日，抵达奥萨马河口的圣多明各港。第三次西航就以这样成绩辉煌地结束了：哥伦布发现了一个新的大陆、一个新的民族和一个珍珠产地，为西班牙打开了进入一个新世界的大门。但是，他万万没有想到，这样的成绩换回的结果竟是，两年以后，他和他的兄弟作为囚犯，戴着脚镣手铐，被囚禁在船舱内，遣返回国。

1498 年 8 月的最后一天，当哥伦布抵达伊斯帕尼奥拉岛新首府圣多明各时，岛上的战争正进行得如火如荼。

1496 年 3 月，哥伦布离开伊斯帕尼奥拉岛后，代总督巴塞洛缪便带领一批人离开伊莎贝拉，在岛屿东部南岸建造了一座堡垒，命名为圣克里斯托瓦尔，工人们则称它为“黄金堡垒”。当年夏天，得到双王的明确命令后，又开始在堡垒附近的奥萨马河河口兴建圣多明各，以取代有诸多缺陷的伊莎贝拉城。新首府所在的地方有防卫力强固的海湾，位置适中，周围土地肥沃，进出海洋也很便利。圣多明各是欧洲人在新大陆使用最久的殖民地，直到今天，它仍是加勒比地区最重要的城市之一。

作为代理总督，巴塞洛缪与伊斯帕尼奥拉岛西南部哈腊瓜地区的印第安酋长贝赫奇奥往来频繁。在贝赫奇奥的驻地，他受到了盛情的款待。

他决定赦免哈腊瓜地区上交黄金的任务，只要贝赫奇奥用麻、棉和木薯粉作为贡品。

从以上两方面看，巴塞洛缪对伊斯帕尼奥拉岛的治理似乎颇有成效，但早在首府正式迁往圣多明各之前，伊莎贝拉的叛乱已经显露苗头。叛乱的头目是哥伦布任命的首席法官，名叫弗朗西斯科·罗尔丹。当时，岛上的西班牙殖民者贪求更多的黄金，对于巴塞洛缪这个“外国人”严苛的管理非常不满，更何况从西班牙运回来的食品又长期供应不足。于是，罗尔丹向所有人信口许愿：一方面宣布全面保护印第安人，不再征收他们的贡品；另一方面，他又表示将把印第安人分给每个西班牙殖民者，让印第安人直接为他们每个人采掘黄金；允许西班牙人自由地回国，并且无须交税。罗尔丹指望已经回国的不满分子想方设法说服双王取消哥伦布的特权，同时在伊斯帕尼奥拉岛组建新政权，由他本人出任新总督。

罗尔丹纠集起70名叛乱分子。但是，他们很快便被巴塞洛缪围困在伊莎贝拉和圣多明各之间的康塞普西翁要塞。不久，佩德罗·费尔兰德斯·科罗内尔率领的第三次西航先头船队抵达圣多明各，带回的消息是，双王重新确认了哥伦布的海洋统帅特权，并正式任命巴塞洛缪为代总督。形势显然对罗尔丹非常不利，于是他带领叛乱分子撤退到哈腊瓜。参加叛乱的马瓜地区酋长瓜里翁内赫则撤退到萨马纳半岛的山脉中，在那里受到了善于射箭的锡瓜约人的欢迎。随后，巴塞洛缪率领步兵和马队前往萨马纳半岛，进行了一次惩罚性远征。许多印第安人的村庄被烧毁，瓜利翁内赫被自己手下的人抓住并交到了巴塞洛缪手中。

土著表面上已被平定，但遭受的剥削更加残酷；罗尔丹仍在哈腊瓜地区逍遥自在地享受着贝赫奇奥的殷勤款待；西班牙人的不满情绪仍在积累上涨。此后不久，在加那利群岛与哥伦布分手、直接前往伊斯帕尼奥拉岛的 3 艘补给船，在海流和信风的推动下错过圣多明各，驶抵哈腊瓜海岸，误入了罗尔丹叛乱分子的巢穴。罗尔丹设法蒙骗了 3 条船的船长和船员，劫走了船上的食品，并唆使船上一批获释的罪犯加入了自己的阵营。这种意外的收获使罗尔丹实力大增，也让他看到了死灰复燃的希望。当哥伦布在圣多明各登陆的时候，罗尔丹正带领部队从哈腊瓜前进到贝加雷亚尔，准备从那里攻打康塞普西翁要塞。

此时把守康塞普西翁要塞的只有一名叫米格尔·巴列斯特的士兵，而且哥伦布手下可以调集的武装人员也只有70人。自知没有把握战胜罗尔丹，哥伦布决定不跟他硬碰硬，而是给他写了一封和解的信，劝他改恶向善，希望他能回来参加和平谈判。这年11月，哥伦布与罗尔丹签订了一份协议。根据协议，罗尔丹和他的追随者可以留下来继续接受总督的领导，也可以带着自己的黄金、奴隶和情妇返回西班牙；对于想要回国的人，哥伦布答应将在50天内给他们提供船只。但是，罗尔丹并不打算轻易履行协议，而是不断提高价码，要求哥伦布恢复他的首席法官职位，并且发布一个正式声明，宣布哥伦布对自己的所有指控全无根据；他还要求哈腊瓜地区的土地可以自由转让给愿意留下来的人员。双方僵持了将近一年。1499年9月，哥伦布终于接受了这些让他丢脸的条款。

1499年10月，哥伦布派遣两艘船带着自己写给双王的信返回西班牙，信中讲到自己对岛上事务的安排，他还请求双王派一位有能力的法官和办事谨慎的顾问来帮他管理岛上事务。哥伦布本来打算亲自回国，但由于新的叛乱突然出现，没能走成。

这次兴风作浪的是阿隆索·德·奥赫达，后台则是堂·胡安·德·丰塞卡。奥赫达本来是哥伦布手下锡瓦奥地区考察队的队长，第二次西航结束以后便带着黄金回到了西班牙；丰塞卡则是协助哥伦布准备第二次西航的塞维利亚副主教，两人之间早有罅隙。1498 年秋天，丰塞卡偷看了哥伦布写给双王的一份关于第三次西航情况的报告，得知加勒比海以南有片大陆，而哥伦布因为急于去伊斯帕尼奥拉岛，没有来得及仔细探索。丰塞卡急忙把奥赫达找来，让他复制了一份哥伦布绘制的海图，并送给他一份盖有王室印戳的特许状，允许他到那个海域进行探察。1499 年 5 月 20 日，奥赫达会同巴托洛梅·罗尔丹、胡安·德·拉科萨和居住在塞维利亚的佛罗伦萨人亚美利戈·韦斯普奇从加的斯港起航。不久，他们到达帕利亚海湾，然后来到玛格丽塔岛后面哥伦布停泊过的地方，发现了宝贵的珍珠产地阿鲁巴岛、博奈尔岛和库拉索岛。他们还发现了一个巨大的海湾，里面有 40 多座建在水中木桩上的印第安人棚屋，这使奥赫达联想到水上城市威尼斯，所以他把这个海湾取名为委内瑞拉，意思是“小威尼斯”。但是，因为耗尽了船上给养，他们驶往伊斯帕尼奥拉岛，于 9 月 5 日在哈腊瓜地区的雅克梅尔登陆。

在伊斯帕尼奥拉岛一登陆，奥赫达等人就大肆砍伐洋苏木。紧接着，他联系上弗朗西斯科·罗尔丹，希望与他一起联合造反，进攻圣多明各。可罗尔丹并不把奥赫达放在眼里，他接受哥伦布的建议，准备抓住奥赫达交给哥伦布处理。见情况不妙，奥赫达便率领船队逃往巴哈马群岛，在那里抓了许多印第安奴隶后，扬帆启程，回到了西班牙。

在奥赫达的船队中，亚美利戈·韦斯普奇原本是一个名不见经传的小人物，虽然此前他参加过几次航海，但并不是一个专业水手，在奥赫达船队中也没有担任重要职务。他的名字之所以被后人记住，完全是因为他后来所写的关于此次航行的一篇弄虚作假的报道。在那篇报道中，他把航行的时间提前到了 1497 年，好像他比哥伦布发现南美大陆的时间还早一年；他也没提到自己船队的指挥官奥赫达的名字。不久，这篇报道被德国一个一知半解的制图者看到，便用他的名字命名了这个新大陆，即“亚美利加洲”；再后来，亚美利加洲被分为北亚美利加洲和南亚美利加洲，分别简称“北美洲”和“南美洲”。新大陆真正的发现者哥伦布却被冷落在了一旁。

虽然，哥伦布生前并未看到亚美利加洲的命名。如果说这还是一种阴差阳错的话，那么，对于 1499～1500 年之间的哥伦布来说，事关其海洋统帅垄断特权的不祥之兆，也一直不断地显露出来。除了奥赫达私自的航行之外，在这期间，原“圣玛利亚”号和“尼尼亚”号舵手佩拉隆索·尼尼奥获得西班牙双王特许航行到了玛格丽塔岛，在该岛周围采集了大量珍珠；原“尼尼亚”号船长比森特·亚涅斯·平松在一次西航中发现了南美大陆的亚马孙河河口，随后绕过巴西东端的圣洛克角，沿海岸往回航行，通过帕利亚湾抵达了圣多明各。虽然，这几次航行没有得到哥伦布的许可是不应该批准进行的，但他们都成功了。这也彻底表明哥伦布在西班牙宫廷的影响已经急剧衰落。

西班牙双王有理由相信，哥伦布三兄弟在伊斯帕尼奥拉岛已经将事情搞得一团糟。自从第二次西航时宣称将为王室带来巨大收益以来，7 年时间过去了，但所获收益仍然只有花费的一小部分。他们对哥伦布越来越不满。不满分子和叛乱分子又接连不断地对哥伦布兄弟大加攻击，说他们是不公正的人，是西班牙民族残忍的敌人和吸血鬼；说他们在任何场合都可以把人拉上刑架，把人吊起来，砍掉脑袋，并且从中取乐；说他们残酷暴虐、嗜血成性，甚至准备发动叛乱，因此也是西班牙国王的敌人。虽然双王对于这种种诬陷之词未必全部当真，但他们的确要限制一下哥伦布的权力，给他点儿颜色看了。

1499 年春天，应哥伦布请求，双王选派宫廷侍从官弗朗西斯科·德·波巴迪拉去伊斯帕尼奥拉岛担任首席法官，同时也作为王室特派员去调停岛上的不满情绪。双王赋予他的权力实际上已经远远超过首席法官：他有权逮捕叛乱者并没收他们的财物，有权从哥伦布手中接管所有堡垒要塞以及其他王室财产，甚至哥伦布都要完全听他的指挥。

这还不算最糟糕的。最不幸的是，波巴迪拉因故耽搁了动身的时间，1500 年 7 月出发，于 8 月 23 日才到达圣多明各。这个时候，在罗尔丹的帮助下，哥伦布刚刚平息了罗尔丹的前副手之一阿德里安·德·莫西卡煽动的一场新的叛乱；处置完几个叛乱分子之后，哥伦布命令把他们的尸体悬挂起来示众。这本是正常的处置行为，显露了哥伦布平叛的功劳。但是，示众的时间太长了。波巴迪拉一进入港湾，就看到绞刑架上悬挂着 7 具西班牙人的尸体。哥伦布的弟弟、掌管圣多明各城市事务的堂·迭戈又告诉他，第二天还要处死 5 名叛乱分子。波巴迪拉立刻命令堂·迭戈将囚犯交给他。堂·迭戈断然拒绝，并表明哥伦布返城前，自己不能采取任何行动。波巴迪拉便把圣多明各的民众召集起来，当着大家的面，宣读了自己的委任状，随即以双王的名义要求他们服从他的命令。紧接着，波巴迪拉接管了城堡，占领了哥伦布的住所，没收了所有文件和财物。为了笼络人心，他又宣布大家可以自由采集黄金，并可以减免上交王室的税收。很快，在圣多明各民众的支持下，波巴迪拉逮捕了堂·迭戈，并给他戴上了镣铐。不久，哥伦布接到了要求他回城的通知。他回来之后，也被戴上手铐脚镣投入了监狱。巴塞洛缪也被应召回城，虽然他手中握有一支武装部队，但哥哥要求他放弃抵抗，他也束手就擒。

1500 年 10 月初，戴着手铐脚镣的海洋统帅和总督哥伦布被押上“拉戈尔达”号，启程返回西班牙。和他同船押解回去的，还有他的弟弟堂·迭戈。巴塞洛缪乘坐的则是另一艘船。船刚一出港，“拉戈尔达”号船长就提出为哥伦布解除镣铐，但被他拒绝了。哥伦布说，自己身上的镣铐是以国王和女王的名义戴上的，他将一直戴着它们直到双王下令解除为止。幸好，这次回程航行迅速。10 月底之前，“拉戈尔达”号就抵达了加的斯港。

平白遭受如此大的冤屈，哥伦布深感恼恨和耻辱。在加的斯上岸之后，他给胡安王子的妹妹堂娜·胡安娜和朝廷官员写了两封信，措辞激烈地痛斥了波巴迪拉等人的作为，称自己突遭逮捕是一种“奇耻大辱”，而且说自己在垂暮之年无故被剥夺荣誉和财产，“既不公平，也不仁慈”。他气愤地诅咒说：“忘恩负义和损人利己的行为终将受到惩罚。”

第七章
航向生命的终点

摆脱纠缠的最好办法是答应他的出航要求

当哥伦布三兄弟戴着铐镣，狼狈不堪地出现在加的斯和塞尔维亚的大街上时，人们深感不平，议论纷纷：“看哪，这个曾经给国王们戴上金项链的人，如今却被国王们戴上了铁锁链！”哥伦布的朋友加斯帕尔·戈里西奥修士接待了他们，并把他们安顿在塞尔维亚的卡尔特修道院。在那里，哥伦布仍旧戴着手铐脚镣，而且随时都有解差看守着。这时，西班牙双王正在忙于与法国国王谈判，暂时还顾不上他们兄弟三人。直到12月12日，哥伦布回到西班牙差不多六个星期以后，才接到双王召见他的命令。听说哥伦布三兄弟的境况后，双王对波巴迪拉施加在哥伦布兄弟身上的粗暴行为大为震惊，立即下令恢复了他们的自由，并送给他们75万马拉维迪铜币的钱款作为安抚。

12月17日，哥伦布三兄弟终于出现在格拉纳达的阿尔汉布拉宫，见到了西班牙双王。哥伦布走上前去跪倒在双王面前，一边吻着他们的双手，一边含着眼泪为自己辩解。双王一边听着他的陈诉，一边温和地安慰他。随即，双王表示，他们将恢复哥伦布在西班牙的一切收益和权利，并将他被逮捕期间被没收的收益和权利也要归还。但是，说到哥伦布的总督职位，双王却无意恢复；并且哥伦布所盼望的召回波巴迪拉并给予惩处的事情，也一直杳无音讯。看来，哥伦布在西班牙双王那里已经失宠，虽然他们在表面上仍然对他优礼有加。

对于哥伦布这个渴望行动的人来说，还有更糟糕的消息：1501年9月3日，双王夫妇为印度诸岛及陆地任命了新的总督和法官，这个人是骑士指挥官堂·尼科拉斯·德·奥万多。虽然奥万多并没有被授予副王和海洋统帅的职权，但是，哥伦布行使自己的特权，却被明确终止了，他已经被禁止再远航去西印度群岛。双王对哥伦布唯一的让步是，命令波巴迪拉对他的财产作一次清算，然后让哥伦布派一位代理人到奥万多的船队里收集应该归属他的收益。哥伦布选择了他的老船长、曾跟他出海远航的巴埃萨市市长阿隆索·桑切斯·德·卡瓦哈尔。卡瓦哈尔也的确没有辜负哥伦布的嘱托，直到哥伦布去世时，仍然在为他的利益出力。

1502 年 2 月 13 日，奥万多率领一支包含 30 条船的庞大船队从加的斯港出发。此时的哥伦布再也坐不住了，他请求双王调拨人员、船舶和经费，让他再做一次新的远航。根据自己对新大陆的认知程度，哥伦布认为加勒比海西部有个地区还有些惊人的事物等待开发；因为自从 1494 年以来，再也没有人到过古巴，而哥伦布仍然相信那是亚洲大陆的一部分；哥伦布一直认为，在皮诺斯岛和达连湾东部之间，有个尚未被发现的大海湾，极有可能就是通往印度的航道，如果能够找到，便能从那里继续向西，环行地球一周，最终回到西班牙。此后一段时间，哥伦布多次给双王上书，论证再次西航的价值和可能性，请求他们支持这项伟大的事业。

对于这个纠缠不休的恳求者，双王多次感到

不胜其烦，而最好的摆脱办法便是答应他的要求，让他离开。1502 年 3 月 14 日，双王终于批准了哥伦布的第四次，也是最后一次西航计划。根据目前的形势，自从哥伦布成功横渡大西洋并发现西印度群岛之后，西欧各国已多次派遣远征队前往新大陆进行秘密考察，并取得了一系列重大发现。这种激烈的竞争局面给西班牙双王带来了强烈的刺激。西班牙的航海事业以及海外领地的保护自然不能完全依赖哥伦布家族，但老将哥伦布的再度出航很可能在竞争的天平上为西班牙增加一只极有分量的砝码。

在这份诏令中，双王答应，哥伦布将随时随地受到尊敬和优待；他的特权将得到完全保护，他和他的子孙后代都能享受，不再受侵犯；如果有必要的话，这些特权将重新予以确认；哥伦布不在宫廷时，他的儿子和弟弟将受到照顾。这一次西航，王室将拨给哥伦布 1 万金比索，作为他装备船队以及添置枪炮弹药的费用。诏令还说，此次航行的目的是去西印度寻找新的海岛和陆地，正式占领它们，并报告那里土地和人民的情况。他还要特别留心当地的金、银、珍珠、宝石和香料，这些产品不许私人买卖，必须把它们运上稽核官员所乘坐的船只，由弗朗西斯科·德·波拉斯管理。不要把土著都当作奴隶，如果有人愿意跟随回西班牙，可以允许他们同行。因为当时，达·伽马正受葡萄牙王室的委托绕道非洲南端前往印度。因此，双王在诏令后面还附了一封给达·伽马的信，信中说哥伦布正要向西航行到印度去，希望他们两人能最终在航路上相逢。虽然诏令中没有明确说明，但是双王实际上更加希望哥伦布能够向西找到通往印度的海峡，环绕地球一周。双王还要求，如果找不到通往印度的海峡，哥伦布可以在返航时访问伊斯帕尼奥拉岛，但出航时不要访问该岛，以免给自己带来烦恼，也免得给奥万多增添麻烦。

这次远航，跟随哥伦布同行的还有他的弟弟巴塞洛缪和小儿子费迪南德。由于自己的眼病一直没好，哥伦布交给小儿子的任务是替他写好航海日志。虽然这些日志后来都丢失了，但费迪南德却成了自己父亲最早和最重要的传记作家之一。出航的共有四艘轻快帆船，哥伦布父子乘坐的指挥船为“卡皮坦”号，另外三艘分别是“圣地亚哥”号、“加列加”号和“比斯凯诺”号。船队总人数约为 150 人。但是后来，这些人中至少有四分之一没有再回到西班牙，有 4 名在伊斯帕尼奥拉岛开了小差，30 多名中途或淹死或病死，或者被印第安人和叛乱分子杀死。

通向太平洋的钥匙已经掌握在手中

1502 年 5 月 9 日，第四次西航船队在加的斯港扬帆启程。但是，一阵强劲的西南风迫使它们停泊在圣卡塔利纳要塞下的拉卡莱塔锚地。5 月 11 日，风由北方吹来，船队顺风驶入了大海。离开加的斯之前，哥伦布听说北非的摩尔人正在围困葡萄牙人的阿尔济拉要塞，他决定先到那里助葡萄牙人一臂之力。5 月 13 日，哥伦布到达的时候，摩尔人已经撤退。于是，会见了当地的葡萄牙总督之后，他便登船开航，驶往大加那利岛，并于 5 月 20 日到达。5 月 26 日，船队驶离加拿利群岛最西端的费罗岛，进入了大洋。航向是向西偏南，这也是 1498 年与哥伦布分手后直接开往伊斯帕尼奥拉岛的那三艘补给船所走的航线。一路顺风顺水，并于 6 月 15 日抵达小安的列斯群岛中的马提尼克岛。在这段行程中，哥伦布创造了当时最快的远洋航速。船队在这里补充了淡水，休整了三天，6 月 18 日又启程前往多米尼加，故地重游。6 月 29 日到达伊斯帕尼奥拉岛奥萨马河河口附近。

按照双王的命令，此次出航途中，不允许哥伦布访问伊斯帕尼奥拉岛，但是哥伦布还是希望重访圣多明各。他倒不是有意违背双王的命令，只是经过前一段时间的航行，已经证明巴塞洛缪指挥的“圣地亚哥”号并不适合远洋航行，所以想在这里把它换掉；更重要的是，哥伦布根据自己的航海经验判断，一股强大的气旋风暴正在形成，船队必须就近找一个避难的港口。此时，伊斯帕尼奥拉岛新总督奥万多率领的庞大船队正停泊在奥萨马河，准备启程回国。哥伦布派“加列加”号船长特雷罗斯上岸，请求奥万多帮助更换船只并且允许船队进港，同时好意警示奥万多的船队暂时停泊在港内，等风暴过去之后再起航。奥万多粗暴地拒绝了哥伦布的请求，也不顾风暴即将到来的警告，命令返航船队即刻出海。

报应来得如此之快！返航船队刚刚离开伊斯帕尼奥拉岛，驶入莫纳海峡，一场猛烈的风暴就从东北方向吹来，瞬间把船队打得四分五裂。结果，28 艘航船中的 19 艘沉入海中，还有几艘被抛上岩岸撞得粉碎，只有三四艘幸免于难。这次船难夺去了 500 多人的生命，包括哥伦布的朋友安东尼奥·德·托雷斯、他的仇人波巴迪拉、印第安酋长瓜里翁内赫以及曾经的叛乱分子罗尔丹。一同葬送海底的还有价值 8700 万马拉维迪铜币的黄金。这支庞大的船队中，最终安全回到西班牙的只有一条曾被奥万多认为最平凡的“阿古哈”号。哥伦布的代理人卡瓦哈尔就在这条船上，他带回了波巴迪拉被迫退还哥伦布价值将近 170 万马拉维迪铜币的金子，安全地交到了哥伦布的长子堂·迭戈的手中。

哥伦布的船队几乎毫发无损地躲过了这场灾难，这再次证明他是一个多么非凡的船员和航海家。当自己的船队被拒绝进入圣多明各港口时，哥伦布发现飓风正从正北海岸刮来，于是他把船队向西移动了几海里，找到了一处可以抵御北风和西风的锚地，紧靠着陆地抛锚。第二天白天，船队航行顺利。晚上虽然又来了一场风暴，但凭着良好的驾驶技术和运气，哥伦布的船队终于平安度过了这场灾难。

7 月 3 日，风暴离去，船队顺风驶入一个名叫埃斯孔迪多的小港口，一边修复船只，一边让船员恢复元气。7 月 14 日，船队再次启程。在这之后，这几条船再也没有回到过伊斯帕尼奥拉岛。

这次西航开始的时候，哥伦布原本计划考察四年前他曾经路过的大陆海岸，直到找到海峡为止。但是，访问圣多明各以及突如其来的风暴使船队向西向北偏离得太远，所以他决定先深入考察加勒比海西半部，希望在那里找到陆地，再沿着海岸往回考察。船队先沿着牙买加海岸向西航行，然后转向西北，避开女王花园群岛锋利的暗礁，到达古巴西南部的沙洲地带。7 月 27 日，东北风骤起，船队顺风向西疾驶。7 月 30 日，当风力趋缓时，一名船员在桅杆上发现了前面一座高耸的岛屿。这就是中美洲大陆洪都拉斯海岸附近的博纳卡岛。

博纳卡是座美丽的海岛，四周是一溜珊瑚礁，岛上松林密布。巴塞洛缪带领两只小船靠岸登陆，把珍珠和金子拿给印第安人看，希望他们能提供这种珍贵物品的产地信息，但那些人显然没有见过，反而提出要从船员手里购买。在这里，他们见到了一条印第安人制作的巨型独木舟，有 2. 4 米宽，舟上有 25 名水手和许多妇女和儿童，还满载着许多货物。货物中有棉织外套、无袖衬衫、长柄木刀、铜斧、铜铃和熔铜的坩埚，还有种味道像啤酒一样的发酵饮料。印第安人最珍视的则是可可豆，因为这一带的人都把它当作货币使用。西班牙人俘获了这只独木舟，不过哥伦布只强制留下了年老的舟长，后来给他改名为胡安·佩雷斯，让他做了船队里的向导和翻译。

8 月初，哥伦布命令船队驶往南方，因为在博纳卡岛上向南眺望，可以看到那里有一片大陆，距离大约为 30 海里。很快，船队到达洪都拉斯角，在其内侧背风处停泊。若干年后，西班牙人在这里兴建了特鲁希略城，现在仍是洪都拉斯重要的港口城市。

船队沿洪都拉斯海岸，先向东，再向东南，在逆风中进行了一段持久的艰难航行，直到 8 月 14 日停泊在一个河口附近。8 月 17 日，哥伦布率领船员登岸，以西班牙双王的名义举行了占领仪式。哥伦布把这条河流命名为波塞西翁，意思是“占有”。好几百名印第安人赶来观看了占领仪式，随后与船员进行了物物交换的贸易。

在接下来的 28 天里，船队在逆风和大雨连绵、电闪雷鸣的恶劣天气里，沿洪都拉斯海岸向东南方向前进，白天逆风航行，夜晚紧靠陆地停泊，每前进一海里都要经过一番艰难的搏斗。饥饿、潮湿、颠簸、疲倦和蚊虫叮咬，让哥伦布无比沮丧。但是，他不会向船员们承认这一点，并且拒绝改变航行计划。9 月 14 日，船队终于到达一个海角。从这里开始，海岸折向正南偏西，从东面来的海风和海流都变成了顺风顺流。“感谢上帝!”哥伦布想。于是他把这个海角命名为格拉西阿斯·阿迪奥斯，意思是“上帝的恩赐”。接下来一整天的航行，简直是对刚刚脱离险境的船员们的安慰。但是，福无双至。9 月 16 日，船队在一个又宽又深的河口停泊，派出一条小船越过河口沙洲去寻找木柴和淡水。忽然海上吹来一阵大风，掀起的巨浪竟然越过沙洲，把小船吞没，淹死了两名船员。哥伦布给这条河取名德·萨斯特雷斯河，意思是“灾难之河”。

在随后 8 天，船队继续沿海岸向南航行了 113 海里，经过尼加拉瓜南部边界，到达重峦叠嶂、风景如画的哥斯达黎加，在一处树林繁茂的小岛停泊，哥伦布将其命名为拉胡尔塔岛（即“花园岛”）。船队在此停留了 10 天。哥伦布曾率领武装船员登岸考察，但想象中的海峡总是不见踪迹。10 月 5 日，船队重新起航，沿海岸向东南方航行。这一天，船队走了40多海里，在黄昏时发现一条航道通向一个大海湾。哥伦布以为，这条航道就是他要寻找通向印度洋的海峡，结果发现航道后面不过是一个岛屿众多的大海湾，即现在的阿尔米兰特湾（意思是“海洋统帅”，以哥伦布的官衔命名）。阿尔米兰特湾所在的大陆被当地印第安人称为“基里克塔纳”，哥伦布却误听成了“印度支那”。印第安人接着说，前面还有一个更大的海湾，哥伦布想，那一定是他要寻找的印度洋。结果证明，这又是一场让哥伦布大失所望的误会。那片水域虽然有40多海里长、20多海里宽，只不过是一个被陆地包围的海湾，哥伦布称它为阿尔布雷马海湾，现在的名字则是奇里基湖。

从10月6到10月16日的10天中，船队一直待在奇里基湖，打鱼、拜访岸上村庄、从印第安人那里换取黄金和粮食。从拉胡尔塔岛带来的两名印第安人翻译则告诉哥伦布，他已经到达两个海洋之间的一个地峡上，跨过眼前的山脉向西走上9天就能到达另一个大洋边；那里有个叫锡瓜雷的省份，富产黄金和珊瑚饰品；锡瓜雷人不是裸体的野蛮人，而是穿着丰盛的服装，佩戴着刀剑和胸甲。哥伦布又一次推测，锡瓜雷应该就是马可·波罗所说的印度支那。

现在我们知道，印第安人所说的地峡就是巴拿马地峡，后来人们在这里开凿了连通太平洋和大西洋的巴拿马运河。假如哥伦布真的按照印第安人的指点，越过这道地峡，他将发现一个欧洲人此前从未意识到其存在的世界最大的大洋——太平洋，并且还有可能认识到他要寻找的印度、中国和日本其实还在遥远的大洋彼岸，而他已经发现的这个大陆并非亚洲，而是一个欧洲人前所未知的新大陆。可惜的是，哥伦布寻找海峡的努力，在他得知这条地峡的存在以后，竟然终结了。就算他在后来的巴拿马运河起点处度过了圣诞节和新年，却始终没有意识到，通向太平洋的钥匙其实已经掌握在他的手中。一个最可能的原因是，哥伦布虽然善于在远洋航行中搏击风浪，但是对于翻越雄伟山脉的陆地探险，他却拿不出太好的应对办法，并且他那数量有限的船员也都缺乏这样的经验。在与印第安人的一次次交谈中，他大概已经判断出，这一带并没有他要寻找的海峡。因为，哥伦布的注意力已经集中在另一个重要目标上：寻找黄金！

可望而不可即的贝拉瓜黄金

10 月 17 日，船队从东北部的虎口海峡驶出奇里基湖，向东南进入莫斯基托斯湾，然后折向南面朝大陆航行。从这里开始，他们进入了一个重要的黄金产区，印第安人把这里叫作贝拉瓜地区。船队在瓜伊加河口停留了几天，希望与土著人有更多的接触，但他们发现这里的印第安人比这次西航中遇到的任何印第安人都要好战。哥伦布派出的小船刚一靠近岸边，便有 100 多名印第安人向他们发动了袭击。印第安人跳到水中，冲入船队中间，挥舞着长矛，吹响号角，擂起战鼓，向西班牙人泼水，口里喷出嚼碎药草的气味非常让人难以忍受。虽然西班牙人尽力安抚他们，但也只是用一些铜铃交换了 16 面纯金的镜子。第二天，哥伦布再次派人上岸试探，发现印第安人正躲在临时掩蔽所内，好像随时要袭击这些外来者。最后，有个西班牙人开了一炮，才吓退这些印第安人。

船队在瓜伊加河口的收获非常有限，于是沿着贝拉瓜海岸向东航行。船上的翻译告诉哥伦布，前方有一个叫卡蒂瓦的地方有金矿。当他们在卡蒂瓦一条大河的河口停泊时，这里的土著人又用喇叭和大鼓发起一次警报。不过，这次警报很快平息了。当地首领头戴一片奇大无比的树叶接待船员上岸，用他们的金片交换了一些西班牙人的货物。

驶过卡蒂瓦后，船队前进到一个名叫科布拉瓦的地区，但并没有停留考察，只是找了一个印第安人做翻译。为了发现更多的地方，哥伦布沿着贝拉瓜海岸迅速前进，并没有来得及详细了解这个地方的秘密。直到 11 月 2 日，船队才在忽然到来的狂风暴雨催逼下，随波逐流地漂到一个港口。碰巧，这个港口很大，停船条件良好，景色还很美丽，哥伦布把它命名为贝洛港。由于雨水不停、天气恶劣，港外无法航行，船队在贝洛港逗留了 7 天。7 天之中，附近的印第安人不断驾驶独木舟来到船队边，向船员兜售棉纱和各种食品，以换取一些镀铜的小物件。其实，这里就是未来巴拿马运河的入口，但是，此时哥伦布的头脑中已经没有寻找海峡的意识，更不要说跨越他此前已经听说的地峡了。

11 月 9 日，船队离开令人愉快的贝洛港，绕过曼萨尼洛角向东航行了 15 海里左右。第二天，因为东风，又往回退了11海里。11月10日，船队在曼萨尼洛角附近几个小岛间停泊。由于这里盛产玉米，船员们就称它为巴斯蒂门托斯港，意思是“粮食港”。他们在粮食港停留了12天，修理船只和木桶，直到11月23日离开，驶抵一个名叫基瓜的地方。然后，逆风和海流又迫使船队回到了出发的港口。这样挣扎到11月26日，终于到达一个被哥伦布命名为雷特雷特（意为“小房间”）的港口。

雷特雷特是个规模很小的港口，港内海岸陡峭，岩石像钻石一样锋利，船队不得不靠着陡岸停泊，这样给船员们经营私人买卖提供了可乘之机。有时，三三两两的船员悄悄溜上岸，带着枪强迫土著做了许多买卖。这样的做法激起了印第安人愤怒的反抗，双方发生多次战斗。最后，大批印第安人集结在岸边示威，哥伦布下令用大炮驱散了他们。

在雷特雷特，船队还遇到了一种可怕的食肉动物——短吻鳄。费迪南德后来回忆说，这种短吻鳄有时会“趴在岸上睡觉，散布一种香气，好像全世界的麝香都被它们集中了一样，但是它们非常凶残贪食，如果发现有一个人熟睡在岸上，就会把这个人拖入水中吞吃掉，虽然它受到攻击时会胆怯和逃跑”。

哥伦布意识到，这里是一个多暴风雨、尚未开辟的海岸；寻找印度洋的计划又无法实施，他最佳的选择只有一条，那就是寻找更多的黄金奉献给双王。12 月 5 日，他就离开了雷特雷特，返回贝拉瓜去开采金矿。起航不久，风暴即至，风向突然转变为猛烈的西风，海流也随风汹涌而来，使得船队无法向西航行。随后的一个月里，船队一直在贝洛港和查格里斯河之间的暴风雨中往返飘荡，使得贝拉瓜金矿始终可望而不可即。12 月 17 日，船队开进一个被印第安人叫作乌伊瓦的港口，在这里休息了 3 天。12 月 20 日，船队趁着好天气起航，但一走到海上，暴风雨又猛烈起来。船队几经周折，不得不又退回了乌伊瓦，一直停泊到 1503 年 1 月 3 日。乌伊瓦港，哥伦布称为戈多港，小费迪南德则戏称为“运河”。400 多年后的 20 世纪初叶，美国人果然在此开凿了一条连通大西洋和太平洋的巴拿马运河，使哥伦布寻找“海峡”的梦想得以实现。据推测，哥伦布船队停留的乌伊瓦港（戈多港），很可能就是现在巴拿马运河的克里斯托瓦尔港，或者在附近的曼萨尼亚湾，后来那里建成了巴拿马第二大城市——科隆城。

1503年1月3日，哥伦布率领备足了玉米、木柴和淡水的船队离开未来的巴拿马运河入口处——戈多港，三天后在贝伦河附近抛锚。1月7日，暴风雨又来了，并连续不停地下到2月14日。哥伦布决定，要在这里住到雨季过去。实际上，他们已经在贝伦河口停留了3个月之久，并以此为驻地，实施贝拉瓜金矿的开发计划。

这里的印第安人村庄分布在贝伦河和贝拉瓜河的上游，居民态度很不友好，也不太想跟西班牙人做买卖。幸好，有个印第安翻译告诉本地人，这些西班牙人并不是坏人。1月12日，巴塞洛缪又率领几条小船上溯到贝拉瓜河上游一个酋长驻地，诚恳地访问了酋长基维安。第二天，酋长便乘坐独木舟顺流而下，回访了哥伦布，并表示允许船队考察他们的河流。但是，1月24日，贝伦河突然猛涨，水势凶猛，船队又一次几乎面临灭顶之灾。瓢泼的大雨、汹涌的洪水、澎湃的海浪，阻碍了进一步考察的步伐。

2月6日，海浪终于平静下来。巴塞洛缪统率三条小船和68名船员来到贝拉瓜河上游，在基维安的村子里住了一个晚上。第二天，当地向导带着他们深入内地，一天之内渡河 44 次，最终抵达一个林木茂盛、土壤富含黄金的地方。忽然一天，船员们仅仅用小刀就采到了一些金子。这队人马回到驻地、并把发现金矿的消息告诉哥伦布后，哥伦布非常高兴，立刻决定在这里建一座市镇，并留下弟弟巴塞洛缪管理，而他自己则赶回西班牙寻求增援。

2 月 14 日，巴塞洛缪又带着 54 名船员沿海岸向西航行 19 海里，在一条印第安人称为乌里拉河的河流附近，发现了广袤的玉米地，并从当地人那里换取了大量金盘。他们回来以后，新殖民地的建设工作正式开始。哥伦布给这个新殖民地起名圣玛利亚·德·贝伦。它位于贝伦河西岸，离河口有一个大炮射程那么远。

当圣玛利亚·德·贝伦建起 10 栋或 12 栋房子，哥伦布正准备回西班牙寻求增援的时候，天上的雨却停了，河里的水面急剧下落，沙洲上水深不过两英尺，使船队无法出去并陷入了困境。就在这时，印第安人的态度也发生了急剧的变化，因为他们意识到，这批外来者竟然打算在此定居下来，这是他们无论如何都无法接受的。像在雷特雷特一样，还不时有三三两两的西班牙人偷偷摸摸潜入丛林之中，用武力诈取当地人的黄金。印第安人彻底愤怒了！他们排成一队队战斗序列向西班牙人发出了威胁的信号。

“圣地亚哥”号上有一位名叫迭戈·门多斯的贵族自告奋勇，乘坐小船去贝拉瓜查看印第安人的营房。他发现上千名武士驻扎在海岸边，手持木矛和弓箭，正在列队操练。他镇静地走上岸去，对那些印第安人武士讲了一番话，随后便回到小船上，并在离岸不远的地方观察了一整夜。印第安人以为他已返回贝伦报警，所以没敢贸然向贝伦开动。

第二天一早，迭戈·门多斯回到贝伦，将情况告诉了哥伦布。哥伦布表示，自己需要更确切的情报。迭戈·门多斯又自告奋勇去做进一步的探察。这一次，他只带了一个伙伴，沿海岸步行前往。走进贝拉瓜河口时，他发现了两条独木舟，舟上的印第安人坦白地告诉他，集合的武士已经转移了，打算在两天内进攻西班牙船队。他说服了这几个印第安人，他们很不情愿地把迭戈·门多斯送到了基维安酋长的村子里，发现那些武士早已在村子里安营扎寨。门多斯借口帮助酋长治疗箭伤，获得允许进入了酋长的院子。他知道印第安人对所有新事物都充满了好奇心，就拿出一个简单的理发箱，坐在地上，让伙伴罗德里戈郑重其事地给自己梳头理发。基维安酋长看到后，果然非常感兴趣，也很高兴地让罗德里戈帮自己理发。理完发后，门多斯把理发箱送给酋长，又一起吃了一顿友好的午餐。随后，门多斯和罗德里戈便回到了船上，告诉哥伦布：印第安人正在准备消灭西班牙人。

按照迭戈·门多斯的建议，哥伦布派他和巴塞洛缪率领 80 名船员顺流而上，设计抓获了酋长基维安及其将近 30 名家庭成员。但在被押解回船队的路上，基维安竟然弄开绳子逃脱了。逃回村庄以后，基维安立即组织全体印第安武士抗击西班牙人。西班牙人还未来得及从圣玛利亚·德·贝伦撤退到船上，就已被印第安人包围，船员们死伤惨重。指挥船“卡皮坦”号的船长特里斯坦奉命乘小船上岸补充淡水，也被从树林中冲出的武士杀死。双方一直僵持不下。这样经过几天之后，基维安对于西班牙人的狼狗和火器有所畏惧，最终下令撤退。而关在“圣地亚哥”号牢舱里的基维安亲信和家属，除去少数跳水逃脱以外，其余的全部自杀。

再次抓来的人质没有了，哥伦布意识到基维安一定会寻找机会，更加肆无忌惮地伺机报复，正在建设的圣玛利亚·德·贝伦也已经难以保证安全。于是，他决定放弃这个据点。1503 年 4 月 16 日，丢弃了已经被虫蛀坏的“加列加”号后，哥伦布率领剩下的 3 条船驶离这个可怕的地方，走向他将停留一年之久的牙买加。

困处牙买加地狱

离开贝伦河启程时，哥伦布计划先到伊斯帕尼奥拉岛的圣多明各，修理好船只并让船员养精蓄锐后，动身返回西班牙。船员们都认为伊斯帕尼奥拉岛在他们所处位置的正北方，但是只有哥伦布正确地判断出在东北方向。但是，那个方向正是东北信风的风口。所以，哥伦布不顾船员们的质疑和不满，决定先沿海岸向东行驶，到达某个地点后，再找机会驶往伊斯帕尼奥拉岛。

哥伦布的决定是正确的。因为在热带海洋上飘荡了将近一年，船队里的船只已经破损不堪。除了被丢弃的“加列加”号之外，其他几条船的状况也令人担忧，凿船虫或者虫蛆钻入船板，把船只弄得千疮百孔。4 月 23 日，哥伦布又不得不把“比斯凯纳”号丢弃了在了贝洛港。剩下的两只船也不可能长时间远距离离岸行驶，而且船员也需要随时找地方补充给养和淡水。

5 月 1 日，船队到达莫斯基托角。从这里开始，沿海岸折向东南，进入达连湾。舵手和船长都认为他们已经到了加勒比诸岛的东方，所以劝说哥伦布离开大陆，向北开往伊斯帕尼奥拉岛。而实际上，他们此时正在牙买加岛的正南方，离加勒比诸岛的西端还有近 800 海里左右的距离。哥伦布本想继续沿海岸前进，越过达连湾，到达贝拉角后，再离开大陆，那样船队就可以利用当地轻微的夏季东信风直航伊斯帕尼奥拉岛。哥伦布的判断依然是正确的。但是，舵手们已经说服了船员，如果不马上转向北方航行，他们就会错过最好的机会，而且随着船板上的孔洞越来越多，渗水的情况越来越严重，如果不马上转向航行，他们都将会被淹死在大海中。所有船员都站在了哥伦布的对立面，所以，他虽然明知道那是错误的，也不得不听从大家的意见，告别美洲大陆，尽可能向北航行。这条误判的航线，不仅路途遥远，而且更容易遇上风暴。对于船队中那两条已经开始漏水的船只来说，这显然是致命的。

自从离开美洲大陆以后，船队只遇到了一两天好天气，其余时间全是在雨骤风狂、骇浪滔天的天气中航行。5 月 13 日，船队在古巴附近的一个港口停泊时，船上的食物几乎已经消耗干净，船只也被无数虫蛆蛀蚀得快要沉没。在饥饿难耐之中，船员们还不得不用 3 个排水筒日夜不停地排水。当晚，又一场大风暴来袭，“圣玛利亚”号的船头船尾都被撞坏。

5 月 20 日，天气好转，船队继续前行。这时，两条船备用的锚泊装置已经全部丢失，船体又被蛀蚀得像蜂窝一样，人们都没精打采、垂头丧气。事实上，两条船已经只剩下一只锚，所以在皮隆港停船的时候，“圣地亚哥”号不得不用绳索系在“卡皮坦”号的艉部。皮隆港离伊斯帕尼奥拉岛最近的锚地也有 170 多海里，方向为东南偏东。如果当时直接前往，意味着船队又要逆风逆流行驶。这对于那两条渗漏得更加厉害的船只来说，已经绝无可能。但是，哥伦布却坚决主张先向南偏西航行，驶往牙买加暂时躲避，在那里等待救援，或者整修好船只后再找机会前往伊斯帕尼奥拉岛。

但是，船队开往牙买加的时间还是晚了。待在皮隆港的日子里，船员们不停地在船上排水，有时排水筒坏了，就用锅来代替。这种令人绝望的工作并不能根本改变两条船窘迫至极的处境。差不多过了一个月，船队才离开皮隆港，开始它们的最后一次航行。6 月 23 清晨，当两条船抵达牙买加岛的布埃诺港时，海水差不多已经涌上了它们的甲板。

布埃诺港没有可供饮用的淡水，附近的印第安村庄也没有可以供应食品。两只破损不堪的船在这里漂浮不定地待了两天，6 月 25 日，又坚持着向东航行了 10 海里多，进入 1494 年第二次西航时哥伦布曾到达过的圣格洛利亚港。“进入港口后，两只船就不能再保持漂浮状态了。”费迪南德回忆道，“我们尽可能地把它们拉上岸，船舷挨船舷地并列在岸上，船两边用斜撑撑住，使它们一点也不能移动。搁在这个位置上，有时潮水差不多能涌上甲板。船头船尾都搭盖舱屋让船员可以居住，还设法加固以防备土著人的侵害，因为那时该岛还没有被基督徒征服或移民。”他们就这样在船上住了下来。

现在急需解决的是船上 100 多人的吃饭问题。

距离船只搁置的地方大约半英里，有一个印第安人村庄；哥伦布也知道，牙买加岛上人口稠密，他们不愁找不到食物来源。但是，哥伦布担心船员们私自跑到印第安人家中，随意强抢东西，使船队与土著人结下仇怨，惹来麻烦，所以命令船员留在船上，没有他的批准不许上岸。他派迭戈·门德斯带着3名同伴尽可能用温和的方式去采办粮食。迭戈·门德斯采取的办法和往常西班牙人所做的一样，那就是以物易物。通过这样的方式，他甚至与当地一位叫阿美罗的酋长成了亲密的朋友。在随后的几个月中，几乎每天都有远远近近的印第安人送来粮食换取东西。

但是，滞留在这个海岛上毕竟不是长久之计。怎么样才能返回西班牙呢？哥伦布并没有造船的工具。他的两名负责捻船缝的工匠已经在贝伦被土著人杀死，剩下的船员根本没有能力修补两条破船，更不用说再造一条新船了。一直无望地等待着，期盼碰上别人能发现他们，把他们救回去吗？但是，牙买加这个地方，除了哥伦布曾率领船队到达过之外，一时半会儿哪会有别的船只经过？因此，唯一可能的办法就是，派使者乘坐印第安人的独木舟去伊斯帕尼奥拉岛求援，至少请求驻扎在那里的奥万多租给他们一两条可以返回西班牙的帆船。

但是，派谁去呢？毕竟，从牙买加东端到伊斯帕尼奥拉岛西端就有105海里，一路都要逆风逆流航行；而且，还要沿着伊斯帕尼奥拉岛海岸航行350海里，才能到达圣多明各。哥伦布召集全体船员说明情况后，没有人愿意豁出性命冒这个难以想象的风险。就在这时，迭戈·门多斯又自告奋勇站了出来。

凭着与阿美罗酋长刚建立的亲密关系，迭戈·门多斯从他那里买来了一条大独木舟。他给独木舟安装上一条假龙骨，在船底涂上沥青和油脂，船头和船尾装上防波板，再装上桅杆和风帆。门多斯便带着一名西班牙人和6名印第安人踏上了危机四伏的航程。但是，他们很快遇到一批企图抢劫独木舟的印第安人。门多斯想办法逃了回来。

哥伦布决定再做一次努力。为了防止意外再次发生，他又派巴托洛梅·菲耶斯基指挥另一条独木舟与迭戈·门多斯同行，巴塞洛缪则带着一支武装力量组成独木舟团队把他们送到牙买加东端。门多斯和菲耶斯基指挥的两条独木舟，在每条独木舟上面，除他们自己之外，还有 6 名西班牙人以及 10 名印第安人。哥伦布希望，至少有一条船能够到达伊斯帕尼奥拉岛。

经过整整 4 天饥渴难耐、筋疲力尽的艰难航行，船上牺牲了几位印第安桨手，两条独木舟终于在伊斯帕尼奥拉岛西端的蒂布龙角登陆。在这里休息两天后，他们继续沿海岸向圣多明各行进。到达阿苏阿港后，迭戈·门多斯获悉，总督奥万多已去哈腊瓜平乱。于是，他决定放弃独木舟，步行走到战地指挥部会见奥万多。

得知哥伦布被困在牙买加的消息后，奥万多高兴到了极点。他不但不立刻组织救援，反而把门多斯拘留在他的指挥部长达 7 个月。

在圣格洛利亚，哥伦布和船员们日夜盼望迭戈·门多斯带回让人振奋的消息。可是日复一日，一直杳无音讯。等待的时间越久，希望越渺茫。很多人甚至觉得，那两条独木舟很可能已经葬身大海。对于蜗居破船上的呆板单调的生活，船员们越来越无法忍受。更何况，冬天正在逼近，他们已经能感受到，凛冽的北风到来的寒意。恐惧、担忧、不满渐渐积聚，叛乱的阴谋终于在波拉斯兄弟周围形成。

弗朗西斯科·德·波拉斯是“圣地亚哥”号的名义船长（实际负责人是巴塞洛缪·哥伦布），他的弟弟迭戈·德·波拉斯则是王室代表和审计官。这两个依靠政治背景获得任命的人，从来没有做好过一件分内工作，也完全不懂得航海，不理解为什么要把两艘破船拖到岸上。见到精神颓丧、心怀不满的船员，他们便故意彼此发问：统帅为什么要把大家留在牙买加？只要他愿意，他完全可以好好地把两条船开到伊斯帕尼奥拉岛去。而他之所以这么做，是因为自己身体不好。既然这样，为何不让波拉斯船长率领大家前往？他们还说，哥伦布其实根本就没打算回去，他派独木舟到那里去纯粹是为了料理个人的事情，比如搜集黄金等等。就算有一条船来了，他也一定会把我们扔在这里。所以，唯一可行的办法是，夺取几条独木舟，让印第安人载着大家逃到伊斯帕尼奥拉岛去。

1504 年 1 月，哥伦布正因关节炎发作躺在船舱里，波拉斯兄弟就利用这个时机发动了叛乱。留在圣格洛利亚的大约 100 名船员中，有 48 人参与了进去。他们不顾哥伦布的劝阻，匆忙挤进系在大船边的 10 条独木舟中，胁迫印第安桨手开船，沿着海岸向东扬长而去。一路上，他们到处抢掠印第安人的财物，而且唆使受害者去向哥伦布那里索要钱款，或者杀死他。几天以后，在牙买加东北角，他们刚驶离海岸不远，便遭遇了猛烈的东风，被迫返航。慌乱之中，除了手中的武器之外，他们把所有财物都丢进了水中，又残忍地把印第安桨手推下海，只留下少数桨手帮他们划船。叛乱分子在牙买加东端一个村子里逗留了一个月，又两次企图跨越海峡，结果都失败而归。最后，他们不得不丢弃独木舟，垂头丧气地徒步返回圣格洛利亚，沿途靠掠夺印第安人为生，并以戏弄凌辱他们为乐。

这段时间里，在圣格洛利亚，哥伦布和剩下的船员却过得比较安宁。印第安人不断带着粮食来交换物品，一些生病的船员也恢复了健康。但是经过几个月后，粮食供应便大幅萎缩了，因为岛上的粮食产量本来就不多，而且一个西班牙人一天的消耗超过了一个印第安人 20 天的食量。而且，当差不多每一个印第安人都换来了西班牙的那些小物件之后，再来和西班牙人做买卖，显然已经没有必要了。就这样忍饥挨饿，或者放任船员去抢劫印第安人吗？正在哥伦布一筹莫展之时，他在船上找到了一本天文历书，上面记载着30年的日食和月食时间预报，而即将到来的1504年2月29日晚上就将有一次月全食。哥伦布心中大喜，立刻派出一位印第安使者，邀请当地酋长及其他重要人物于29日晚上到船上来开会。

2月29日晚上，客人们如约来到了“卡皮坦”号船上。哥伦布让翻译告诉他们，这些基督徒尊敬天上奖善惩恶的神明，神不准波拉斯叛乱，所以他们没能跨过海去到达伊斯帕尼奥拉岛；神也要求印第安人认真地给这些基督徒供应粮食，否则就将用饥荒和瘟疫惩罚他们。为了显示自己所言不虚，哥伦布邀请客人们紧盯着正在上升的月亮，说很快月亮就会变成血红色，这是因为印第安人不认真供养基督徒，即将引起一场灾祸。

听完他的话，印第安人半信半疑，又压抑不住内心的恐惧。随着月亮渐渐升高，月食渐渐扩大，显露出血红色。印第安人凝神观看着，越看越怕，最后竟吓得号啕大哭起来。他们恳求哥伦布帮他们祈祷，别把惩罚降临他们头上。他们答应今后一定好好供应基督徒需要的一切。当月食渐渐退去，哥伦布这才慢悠悠地说道，自己已经帮助他们请求过天神，并代他们保证今后一定好好对待基督徒，天神已经答应宽恕他们，月亮马上就会重放光明。见哥伦布说的半点儿不差，印第安人纷纷向他道谢。就这样，船队的粮食问题暂时解决了。

但是，怎么才能回到西班牙去呢？叛乱分子还在岛上惹是生非，门多斯和菲耶斯基仍然没有半点消息。这些事情都在困扰着哥伦布，正当一个名叫贝纳尔的药剂师正在煽动另一场叛变时，一条小船忽然从海上驶来，在圣格洛利亚靠岸了。

但是，很快证明，这只是一场空欢喜。这条小船并不是来接他们回去，而是奥万多派来探听消息的。小船的船长迭戈·德·埃斯科瓦尔送给哥伦布一桶葡萄酒和一大块腌肉，并转达了奥瓦多几句问候的话。他还告诉哥伦布，说门多斯已平安到达伊斯帕尼奥拉岛，一旦获得船只，就会立即前来救援。哥伦布压抑着怒火给奥万多写了一封感谢信，并表示期待“上帝和您的援助”。当天黄昏，小船便带着哥伦布的信回去了。

哥伦布装作若无其事的样子，对大家说，小船匆匆离去是因为它太小了，不能把所有的人一起带走，而他本人愿意跟大家一起留下，等待门多斯弄一艘更大的船来。听他这么一说，大家放下心来，没人再支持贝纳尔的叛乱了。但是，波拉斯正带领着叛乱分子正向圣格洛利亚赶来，他们想索要很多粮食和衣服，并征服那两条用来居住的破船。5 月 19 日，他们抵达迈马村时，遇上了巴塞洛缪率领的队伍。一言不合，双方展开了激烈的战斗。结果，波拉斯兄弟被擒，前舵手胡安·桑切斯丧命，其他叛乱人员有的受伤，有的被俘。第二天，哥伦布命令把波拉斯兄弟用镣铐锁在船上，并赦免了其他叛乱人员。

正在这时，身处伊斯帕尼奥拉岛的迭戈·门多斯终于装载好了一艘救援船，但奥万多不允许他停泊在圣多明各，让他不得不等待西班牙船只的到来。门多斯在奥万多的战地指挥部一直滞留到 1504 年 3 月，才获准步行到圣多明各。在那里原本有一条属于西班牙政府的船，奥万多却百般阻挠，不让他使用。但是，门多斯终于等来了 3 艘西班牙船只组成的小船队，他租用了其中的一艘“卡拉维隆”号，并备足粮食，让迭戈·德·萨尔塞多指挥着开往牙买加。迭戈·门多斯自己则遵照哥伦布的命令，乘坐另外一条船返回西班牙，给双王以及哥伦布的儿子堂·迭戈送信。

1504 年 6 月 28 日，“卡拉维隆”号终于到达圣格洛利亚。第二天，载着全体幸存的船员向伊斯帕尼奥拉岛驶去。而这时，他们已经被困在牙买加一年零五天。

回去的路是一段逆风又逆流的航行。有一段时间，被恶劣的天气滞留在贝阿塔岛。8 月 3 日，哥伦布在这里给奥万多写了一封非常客气的信，对他派来船队前来救援表示感谢。事实上，奥万多一直在阻挠救援行动。

8 月 13 日，哥伦布终于来到了他弟弟巴塞洛缪建立的城市——圣多明各。奥万多假装隆重而热情地接待了他，但又释放了波拉斯兄弟。更让哥伦布觉得受到侮辱和伤害的是，这位奥万多已经并且正在侵犯着他作为海军统帅和总督的大量利益和特权。带着这种痛苦的心情，9 月 12 日，哥伦布和他的儿子费迪南德、弟弟巴塞洛缪以及其他 22 名船员，乘坐一条新租来的船，踏上了返回西班牙的航程。这一天，距离 1892 年 10 月 12 日他第一次发现新大陆，还差整整一个月，就将满 12 年。这一次离开之后，就意味着他就再也看不到自己发现的新世界了。

最后一次没有回程的航行

1504 年 11 月 7 日，在瓜达基维尔河口的桑卢卡尔锚地，凛冽的寒风中，海洋统帅哥伦布，拖着被风浪摇动的病体下船了。他知道，他并没有做成想做的事情，没有找到任何通往印度洋的海峡，没有找到日本，没有见到中国大汗。但是，他做得已经够多了，发现了新的大陆（虽然他不知道是美洲），发现了巴拿马地峡，发现了一个比伊斯帕尼奥拉岛产金更丰富的地区。

哥伦布原本希望尽快前往宫廷面见西班牙双王，当面诉说对他的恶意诽谤和控告，诉说自己在奥万多那里遭受的不公正待遇，呼吁恢复自己的职衔、特权和权利。但是，他的健康状况已经不允许他来去自由。他也没有接到让他入宫报告的通知，原因是：女王病了。11 月 21 日，在塞维利亚，哥伦布还忍着病痛写下了这样的话："我去那里（宫廷）的日程很快即定。"但是 11 月 26 日，女王便离开了人世。

从 1504 年 11 月 21 日到 1505 年 2 月 25 日的 3 个月中，哥伦布居住在塞维利亚一栋租赁的房子里，金钱供应充裕，仆役和随从配备齐全。毕竟，哥伦布从贝拉瓜带回了大量金器，他从伊斯帕尼奥拉岛的金矿开采中也获得了大量收益，还有 1502 年在卡瓦哈尔逃过飓风，帮他带回来的那批黄金。这些，虽然还远远达不到哥伦布自己认为应得的收益，但已经足以让他在自己生命的最后一年多时间中，成为一个比较富裕的人。但是，哥伦布不会轻易放弃自己应得的权益。在这期间，他接连不断给在宫廷中的儿子迭戈写信，要他请求国王颁发谕旨，兑现之前的承诺，并恢复他的职衔和荣誉。可是，这样的要求，到他死去都没有实现。但是，国王最终答应，由他的儿子堂·迭戈在他去世以后继承他的海洋统帅和总督职位。1509 年，国王的这一承诺终于兑现，但条件是，迭戈娶他的亲戚堂娜·玛利亚·德·托莱多为妻。1526 年，在堂·迭戈去世以后，正是这位托莱多夫人，替他们的幼子堂·路易斯当了一段时间的摄政以后，代表儿子放弃了所有的官职、头衔和特权，同时作为补偿，接受了西班牙国王查理五世赐予她的牙买加私人封地，以及贝拉瓜公爵的封号和一块面积为 2500 公顷的公爵领地。

1505 年 5 月，天气转暖。经过几个月的调养和休息之后，哥伦布终于觉得可以骑上骡子来一趟长途旅行了。他越过瓜达拉马山脉，经马德里，前往塞哥维亚。在那里，他获准觐见了国王。国王对他温文有礼，不过哥伦布期望的那些，却没有一件得到落实。此后，宫廷先迁到萨拉曼卡，又迁到巴利亚多利德，哥伦布也只能忍受着痛苦跟着搬迁。他的关节炎又犯了，而且越来越厉害，绝大部分时间里，他只能卧在床上。海洋统帅知道，留给自己的时间不多了。在生命最后的日子里，他对自己未来收入的用途进行了详细的安排：一笔钱用来偿还他父亲多梅尼科的旧债；捐款在伊斯帕尼奥拉岛兴建一座教堂，以使自己的灵魂永远安息；拨一笔款作为收复耶路撒冷的基金；还有他的儿子们、弟弟们，以及他觉得亏欠颇多的比阿特丽丝，都将得到应得的份额。

1506 年 5 月 19 日，哥伦布批准了他的最后遗嘱和遗书，命令堂·迭戈作为他的全部财产和权利的继承人，由他按照自己的遗愿全权处理。

1506 年 5 月 20 日，耶稣升天节的前夜，在西班牙北部的巴利亚多利德城，哥伦布的病情突然恶化。他的小弟弟迭戈、大儿子兼继承人堂·

迭戈、小儿子费迪南德、他忠勇的朋友迭戈·门多斯和菲耶斯基，围在他的床前。所有在场的人都知道，海洋统帅像一个真正的海员那样，随着一次落潮，就要永远离去了；这也是他的最后一次航行，一次没有回程的航行。他们请来了牧师，举行了弥撒，每个人包括哥伦布都领受了圣餐。在进行完最后的祈祷以后，哥伦布听到了耶稣升天前在十字架上说的最后一句话："天父啊！我将我的灵魂交在你的手里。"

接着，一代传奇般的海洋统帅，人类有史以来最伟大的航海家之一，堂·克里斯托弗·哥伦布，便如释重负般地，闭上了眼睛。

自他之后，新旧大陆再也无法分离

哥伦布去世以后，他的遗体最初在巴利亚多利德下葬。三年以后，他的长子迭戈将遗体迁移到塞维利亚的奎瓦斯修道院。1537 年，根据哥伦布的遗嘱，他的遗体才和迭戈的遗体一起迁往伊斯帕尼奥拉岛，起初安放在圣多明各大教堂一个铅制的棺材里。1795 年，西班牙将多米尼加（即圣多明各）割让给法国，而把哥伦布的遗骨迁往古巴的哈瓦那。1899 年美西战争爆发，西班牙准备放弃哈瓦那，又将他的遗骨迁回西班牙的塞维利亚，隆重地将他们两个的遗骨合葬在塞维利亚大教堂。然而，法属多米尼加牧师会声称哥伦布的遗骨仍然在圣多明各大教堂。而实际上，早在1877年9月，人们便发现哥伦布的遗骨仍然在圣多明各大教堂中。1948年，多米尼加共和国政府在圣多明各奥萨马河口东岸的悬崖上，为哥伦布凿出一尊巨大的花岗岩纪念像。这里，就是这位伟大的航海家最后的归宿之处。

从16世纪中期开始的两个世纪中，他所开辟的大西洋航道上的加勒比海地区竟然成了欧洲君主们支持的走私贸易、商业战争和海盗猖獗的地方，特别是加勒比海盗，许多年都令人闻之色变。而在欧洲人忙着对新大陆的土地、黄金和其他财富进行瓜分时，却没有人能想起这位新大陆发现者的名字。然而，这200多年中，哥伦布的名字和事迹却传遍了全球，也传到了中国。1623年，定居中国福建的意大利传教士艾儒略写成了《职方外纪》一书，首次向中国人介绍了哥伦布其人及其伟大的一生。

哥伦布发现新大陆后，1500年4月22日，葡萄牙航海家佩德罗·卡布拉尔抵达巴西。他将这片土地命名为“圣十字架”，并宣布归葡萄牙所有。由于葡萄牙殖民者的掠夺是从砍伐巴西红木开始的，“红木”（Brasil）一词逐渐代替了“圣十字架”，成为巴西国名，并沿用至今。

17 至 18 世纪，英国、法国、荷兰诸国从西班牙手中抢占了西印度的许多岛屿。英军攻占牙买加。1697 年，法国夺取了伊斯帕尼奥拉岛西部。1795 年，法国军队进一步攻占了伊斯帕尼奥拉岛东部。在 18 世纪，英法等国为了配合他们对西印度群岛的侵略，曾引用拉斯·卡萨斯著作中的一些材料，谴责西班牙殖民者的罪行，对西班牙进行政治攻击。英法两国的史学界则展开了谁最先发现美洲的争议，企图贬低哥伦布发现新大陆的意义。无论怎样，谁都无法与哥伦布的发现相比。

1792 年，当西欧各国正忙于瓜分从西班牙手中夺取的胜利果实时，年轻的美利坚合众国庆祝了哥伦布发现新大陆 300 周年。而西班牙，在 18 世纪末从新大陆撤退时，开始想起那个为西班牙海外事业贡献终生的人，开始着手整理哥伦布航海的珍贵文献。

1800 年前后的几十年中，西属美洲和葡属巴西在法国大革命和美国独立的影响下，乘拿破仑侵略西班牙和葡萄牙之际，纷纷摆脱殖民统治，建立了独立的国家。在这期间，哥伦布的精神像法国的《人权宣言》和美国的《独立宣言》那样，成为激励美洲人民斗志的精神力量。

哥伦布的一生有许多亮点，他的命运和成就也必将永远留在人类的记忆中。在绝大多数人质疑西航到达亚洲的可行性的情况下，他抱定这个信念，十余年始终不曾改变。为了实现理想，他不断奋斗，失败了再奋起，终于发现了一块新大陆，并为后人实现环球航行打下了坚实的基础。作为一个平民百姓和外国人，他在葡萄牙和西班牙国王和王公贵族之间四处游说，尽管多次遭到否定，仍然坚定不移地秉持自己的信念。第一次西航之后，他的发现本来已经使他功成名就，但他不甘于此，仍然义无反顾地一次次驶向浩渺无垠的大洋，多次陷入九死一生的境地。直到去世，仍然信念不改。

毫无疑问，哥伦布是一个意志力和行动力超强的伟大航海家，凭着自己非凡的品质干成了一件常人不敢想也不敢干的大事。哥伦布创造了历史，不过他并不能主宰历史。从整个人类历史来看，他无法独占发现美洲的殊荣。在他之前，北欧的诺曼人可能就经已经抵达美洲大陆。而实际上，最早为人类找到美洲的，无疑是现代印第安人的原始祖先。但是，对后世的深远影响来说，这些都无法与哥伦布的大发现相提并论。自哥伦布西航成功以后，新旧大陆两个世界才建立了永久的联系和交往，再也不能分离。新旧大陆的沟通，使旧大陆人类的视野从东半球扩展到西半球，初具全球性视野，为人类的相互交往和人类历史全球性统一格局的形成提供了必要的条件。在人类探索宇宙奥秘的历史上，与后来的加加林首航太空、美国人首次登月一样，具有同等重要的意义。